ＡＩ時代の
リーダーになる
子どもを育てる

慶應幼稚舎　ＩＣＴ教育の実践

鈴木二正
SUZUKI TSUGUMASA

祥伝社

ICTが子どもの創造性を引き出していく

子どもたちは、タブレット端末を使って自発的に学びあう

デジタル教科書は、教壇の大型ディスプレイに大きく投影される。先生と児童が同じ画面を確認しあいながら進めることができる

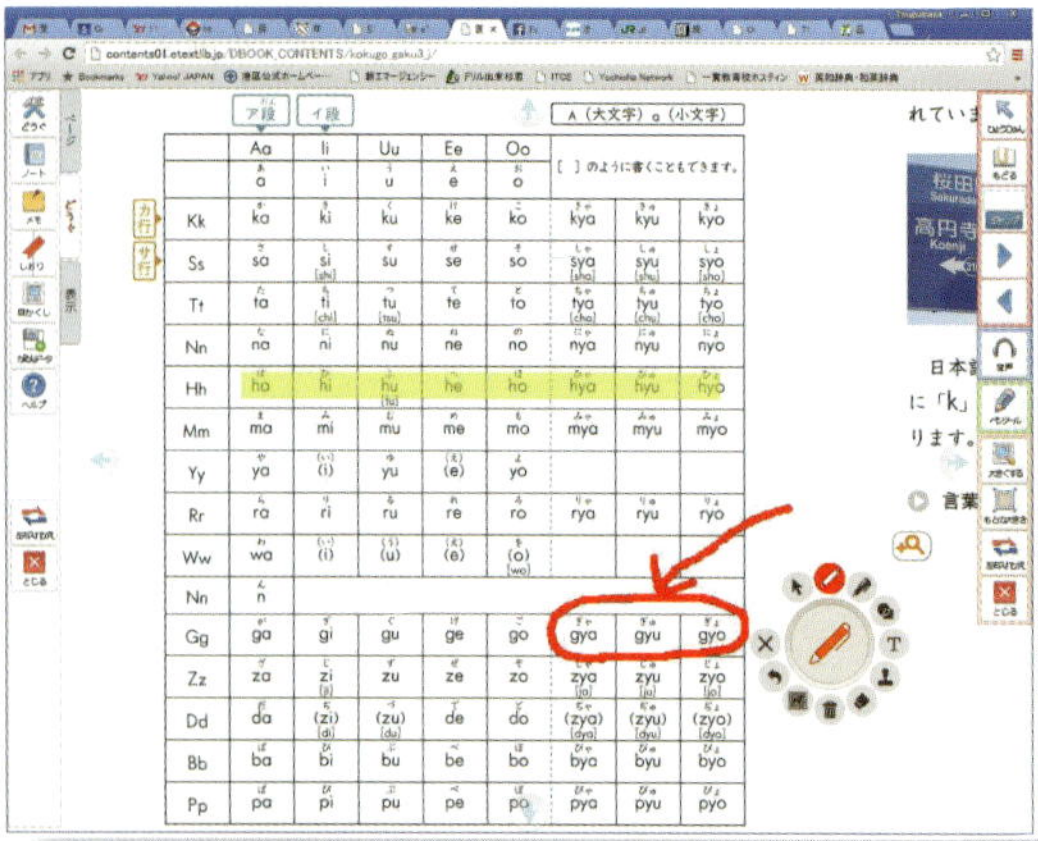

デジタル教科書を使うと、マーカーやペン機能があってとてもわかりやすい

児童たちの創造性がタブレット端末という
新しい「文房具」で刺激され、さまざまな作品が生み出された

a

b

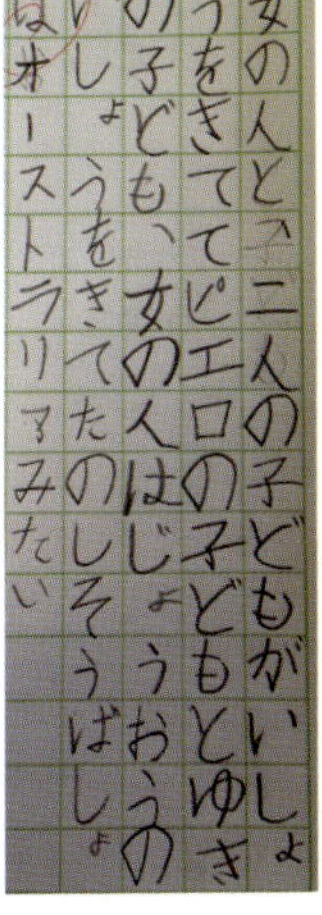

d

左上より、a.『スイミー』のパラパラアニメーション作り／b.児童のハロウィンの絵日記／c.お絵かきソフトを使って撮影した写真を加工／d.新聞サイトの写真を閲覧し、文章で説明

c

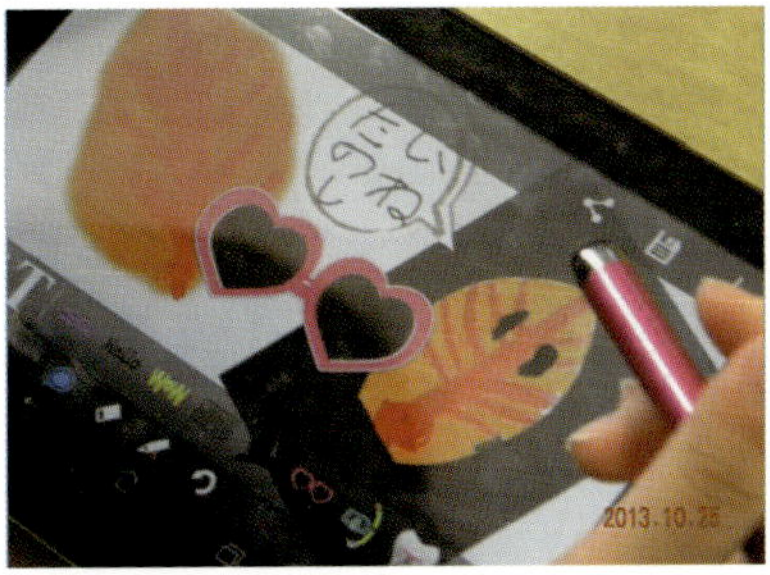

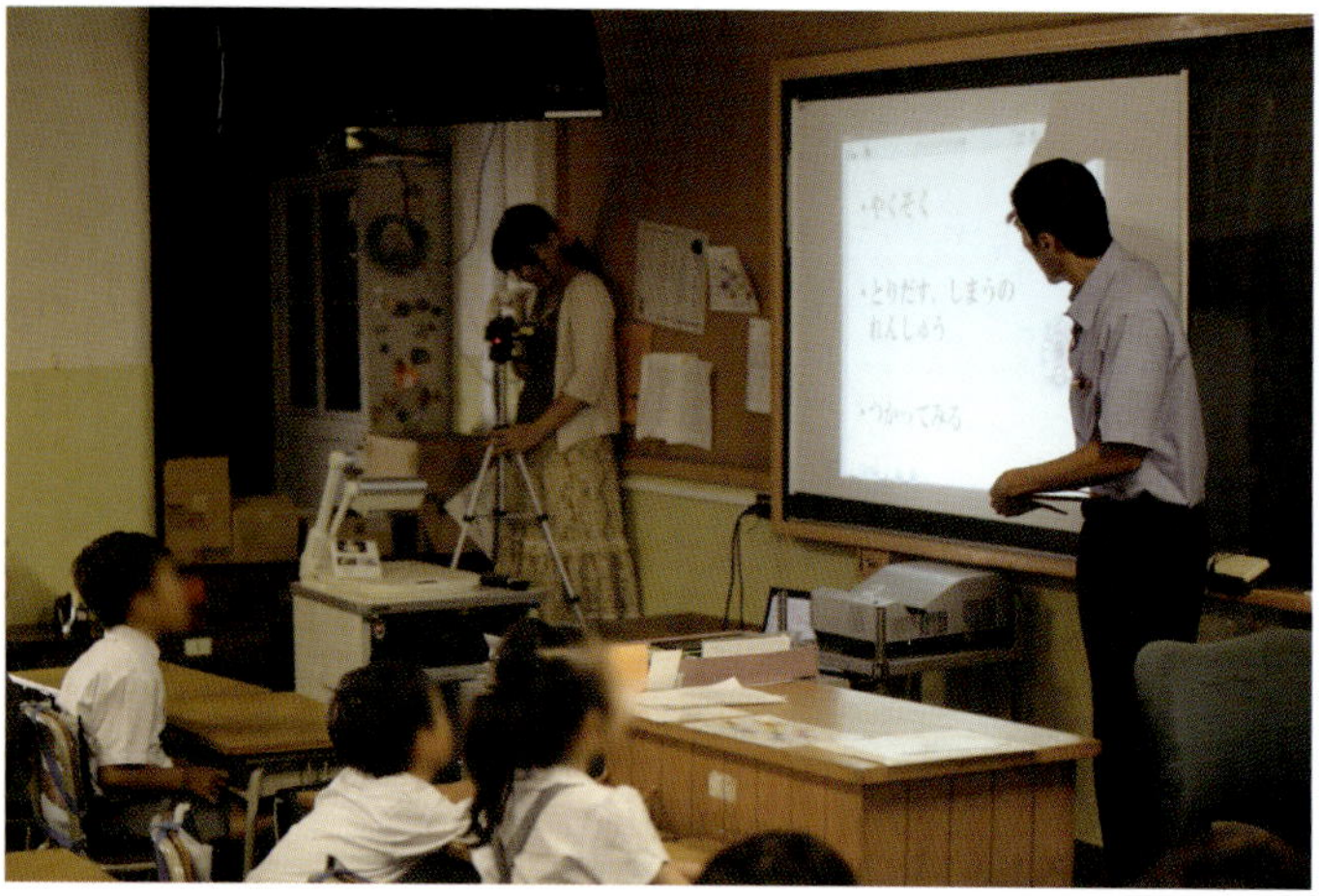

タブレットの「やくそく」を学ぶ子どもたち

著者手作りのタブレット端末保管庫。児童たちには1年生の時から「タブレットの約束」（p.41）を徹底して教えているので、休み時間などに勝手に持ち出すことはない

ＡＩ時代のリーダーになる子どもを育てる

はじめに

インターネットの発達と普及によって世界の地図上の国境は急速に取り除かれ、私たちには望むと望まざるとにかかわらず、グローバル社会の一員としての役割が求められています。そこには、日々更新される膨大《ぼうだい》な情報が真偽に関係なく溢《あふ》れています。

こうした状況にあって、これからの時代を担《にな》う子どもたちは、さらに複雑化するであろう「知識基盤社会《ちしききばんしゃかい》（新しい知識や情報・技術が社会のあらゆる領域での活動の基盤として重要性を増す社会のこと）」に適応し生き抜くことが求められます。彼らは、自《みずか》らの頭で考え、真に必要な情報を選択し、スキルを磨き、情報活用リテラシーを身につけて、自分の価値をグローバル社会にアピールしていかねばなりません。しかも、そうした難しいことを、日々変化を遂げる世界で迅速に行う必要があるのです。

今は世界中のほとんどの人たちが自分のコンピュータやスマートフォンといった情報機

器を所有し、国籍、性別、年齢といった属性に関係なく、自由にグローバル社会とつながり、多様性の中で個性を磨く活動へと挑戦しています。逆に、これまで、固定電話網などのインフラが整っていなかった新興国の国民ほど、いきなりスマホを手にすることで、難なく新しい世界を上手に泳いでいます。

そういう時代を生きていく子どもたちのことを考えると、世界的に活躍できる人材を育てるには、従来の黒板とチョークを使った一斉講義型の教育だけでは、不十分な部分があるように思えるのです。

もちろん、初等教育段階という学問の基礎基本を教える学《まな》び舎《や》においては、教科書やノートを用《もち》いた教育は必須ですが、それに加えるかたちで知識基盤社会に対応していくための「スキル」をいち早く身につけさせねばなりません。

そうしたスキルは、今後は、実際に、子どもたちがコンピュータやインターネットなどの情報手段やＩＣＴ（情報通信技術）を適切に活用して、情報モラルを含んだかたちの学習活動を充実することによって養われていくものと考えられます。

しかも、教員がＩＣＴを授業に使用するだけではなく、子どもがＩＣＴを活用する授業にシフトしていく発想の転換が大切です。

そのためには、少しでも早い時期からの、タブレット端末などを用いた実践的ＩＣＴを活用した学習活動が必要なのです。児童にとっては、自身が主体となり、ＩＣＴを学校の教室という場に留まらず、幅広い学習に活用していく能力・タブレット端末を活用する能力を小学校低学年段階から継続的に育成することが、実際の教育現場において課題としてあげられます。しかし、そのような能力の育成を目標とした小学校一年生からの継続的な指導計画や、授業カリキュラムは、現在確立してはいません。

そうした現状を鑑み、先進的な取り組みとして、慶應義塾幼稚舎《けいおうぎじゅくようちしゃ》で筆者が担任するクラスにおいて、小学校一年生からタブレット端末を用いた授業を行ってきました。

残念ながらＩＣＴ教育について、日本は世界に後《おく》れをとっています。とくに、ＩＣＴを利用してどのように児童に効率的に学習させるか、という教師の教える道具・教具としてのＩＣＴ活用に重点が置かれている先行事例が多いのがその理由の一つです。今、取り組むべきことは、コンピュータ教室など特別教室だけではなく、普通教室で「児童」がタブレット端末を駆使して、課題解決に向けて活用する授業実践と、そのためのカリキュラム開発です。ＩＣＴ機器を、教師が教えるための道具ではなく、児童が学習に役立てるために使う身近な文房具として位置づける必要があります。また、児童自身が主体となり、課題解決に向けて、ＩＣＴを自分の頭で考えて活用していく能力の育成が必要です。

本書では、タブレット端末活用能力とは、「児童が、学習場面に応じて、自分の頭で考えて、課題解決へ向けてタブレット端末の使い方を取捨選択し、タブレット端末を学校において身近に使える文房具として学習に活用できるようになる能力（意識・感覚）」と定義しています。こうした意味でのタブレット端末活用能力の育成を授業の中でも目標とし、実践してきました。

その結果、子どもたちは私の予想をはるかに超えて、タブレット端末を早い段階から正しく使いこなし、さまざまな学習課題についての判断力・創造性・活用する力を養っていきました。

その学習過程では、タブレット端末という新しい文房具に触れる喜びや感動も感じ取り、ルールやマナーを守ることや、ものを大切にすることを覚えました。

また、友だち同士で操作法を教え合い、新しい使い方を発見していきました。ウェブサイトを活用したり、教育用ＳＮＳにアクセスしたりして、みんなでアイデアを共有し合う学習体験もしました。

そして、紙の教科書やノートだけではできない創造的な作品作りや発表会などの学習を重ねていきました。

本書は、その記録であり、研究ノートとも言えるものです。

幼い子どもを持つ保護者の方は、スマートフォンなどインターネットによって見知らぬ人たちとつながることができる情報機器を、いつから子どもに触れさせるべきか迷っていることでしょう。おそらく、「まだ早い」と抑制する気持ちが強いのではないでしょうか。

しかし、小学校一年生の時から、これらのタブレット端末を学習に使う新しい文房具として捉えられるような学習習慣を、お作法や躾《しつけ》を含み、構築しておくことこそ大切なことなのです。小学校一年生の時にしっかりと「もの（文房具）は大切にする」「先生のお話のときはタブレットから手を離す」「鉛筆の握り方」「鉛筆での書き方」「自分の机の中の文房具箱を片づける」などの基本的な学習に対する指導を受けて身についた習慣は、その後、六年生の卒業時まで（あるいは大人になっても）習慣として残ることが多いです。

そのことからも、新しい文房具としてのタブレット活用を前提とした学習習慣の指導は、小学校入学時が最適なタイミングであるといえます。「学習習慣」とは、授業や家庭での宿題・予習・復習・試験勉強などの時間や場面が日常生活の中に組み込まれ、容易にそれらに取り組めることを指すからです。

本書には、実際の教育現場において実践をした授業パッケージともいうべき学習指導例が具体的に記述してあります。学校の先生は、参考にしながら新しいテーマを設定したり発展させて授業を構築していただきたく思います。保護者の方には家庭教育に役立てていただき、学生の方には、課題解決の手法と研究すべき課題があることを理解するために役立てていただきたいと思います。

世界では、タブレット端末を用いた授業が早い段階から取り入れられており、それによって子どもたちの新しい可能性や才能が次々と引き出されています。

本書を手に取ってくださったみなさんが、その必要性について真剣に検討してくれることになれば望外の喜びです。

二〇一八年二月

鈴木《すずき》二正《つぐまさ》

目次

第4章 未来をつくる子どもたち

装丁　秦 浩司(hatagram)
図版　篠 宏行

第 1 章

ICT 教育とは何か　その現状

ＩＣＴを活用する教育とは

まずは、ＩＣＴを活用する教育とはどういうものかについて説明することから始めましょう。

ＩＣＴは「Information and Communication Technology」の頭文字をとったもので、簡単に訳せば「情報通信技術」のことです。情報そのものやタブレット端末などの情報携帯端末、情報通信ネットワークも含めた情報手段を指しています。

昨今、年代を問わずにスマートフォンを使いこなしている人が増えたのは、本人が気づいていなくても、ＩＣＴが私たちの生活に浸透し始めたからです。つまり、みなさんにもＩＣＴリテラシーが少なからず身についているわけです。そして、未来を担う子どもたちにとって、ＩＣＴリテラシーの高さは、人生の成功や幸福度に対して一定の影響力を持つ物差しになるともいえるでしょう。

ここで改めて説明するまでもなく、現代は「超」がつくほどの高度に発達した情報社会です。政治・経済・教育・文化をはじめ、あらゆる社会生活の場で、新しい情報を得てそれを知識とし、さらに技術を身につけ自分の価値を高めていくことが求められます。

そこでは、多様化やグローバル化による、より広範な情報が行き交《か》うことになります。いかに潜在的能力の高い努力家といえども、情報を「知らない」「取り扱えない」のでは、世界を舞台に活躍することが難しい時代になっているのです。

このような**「知識基盤社会」**では、さまざまなツールを駆使して情報を取捨選択し、発信していくことができる人材を育成していかねばなりません。つまり、情報や情報手段などのＩＣＴを適切かつ柔軟に利活用して新たな価値を生み出すような、高度なＩＣＴリテラシーを身につけさせる教育が必要なのです。

世界で求められるＩＣＴリテラシー

二〇一六年、ＯＥＣＤ（経済協力開発機構）では、多くの国の教育関係者などの協力を得て、二一世紀を担う子どもたちに必要な能力について検討を重ねました。

そこでは、とくに重視すべきキーコンピテンシー（主要能力）として、「社会・文化的、技術的ツールを相互作用的に活用する能力」「多様な社会グループにおける人間関係形成能力」「自律的に行動する能力」の三つのカテゴリーが挙げられました。(1)

一番目の「社会・文化的、技術的ツールを相互作用的に活用する能力」には、「知識や情報を活用する能力」や「テクノロジーを活用する能力」が含まれています。

また、遡《さかのぼ》ること二〇〇九年一月にロンドンで開催された「学習とテクノロジーの世界フォーラム」において、「二一世紀型スキルの学びと評価プロジェクト」が立ち上げられました。(2)二一世紀を生きていくうえで必要な能力について、批判的思考力、問題解決能力、コミュニケーション・コラボレーション（チームワーク）能力、自立的に学習する力の四つのカテゴリーに分けて意見が交わされ、「働くためのツール」としてICTリテラシーの育成が重要だという結論が導き出されました。

さらに、ICTリテラシーについて、「効果的に社会に参加するために、情報にアクセスし、評価・管理し、新たに理解を深め、他者とコミュニケーションすべく、一人ひとりが適切にICTを使う能力」と定義されました。

こうした、ICTリテラシーを重視する動きは世界で顕著《けんちょ》になっており、**我が国の教育現場でも、一刻も早い取り組みが求められる**のです。

日本の教育界の動向

日本では二〇〇五年二月の段階で、二一世紀を生きる子どもたちへの教育効果を向上させるため、教員の資質・スキルの育成や学校環境の整備などと並行して、教育課程全般の見直しを協議するよう文部科学大臣より中央教育審議会に要請がありました。

その後、三年間にわたる審議の末、二〇〇八年一月に「幼稚園、小学校、中学校、高等学校及び特別支援学校の学習指導要領等の改善について」と題された答申を行いました。(3)

この答申を踏まえ、同年三月二八日に学校教育法施行規則を改正し、幼稚園教育要領、小学校学習指導要領、中学校指導要領が公示され、小学校では二〇一一年度から完全実施されています。

そこでは、ICTや情報通信ネットワーク、メディアの特徴や取り扱いに関する知識を持ち、安全に情報の取捨選択ができるスキルを向上させることが必須だという認識のもとで教育が行われています。

さらには、情報通信ネットワークや、さまざまなICT機器を組み合わせ、新しい価値・情報を生み出したり、情報を発信したりすることや、それら活動を通して、理論的判断や総合的思考力、課題解決能力を醸成《じょうせい》することの重要性も指摘されています。

ちなみに、答申では、情報教育のあり方について、具体的に次のように示されています。

——急速に進展する社会の情報化により、ICTを活用して誰でも膨大な情報を収集することが可能となるとともに、様々な情報の編集や表現、発信などが容易にできるようになった。学校においては、ICTは調べ学習や発表など多様な学習のための重要な手段の一つとして活用されている。学習のためにICTを効果的に活用することの重要性を理解させるとともに、情報教育が目指している情報活用能力をはぐくむことは、基礎的・基本的な知識・技能の確実な定着とともに、発表、記録、要約、報告といった知識・技能を活用して行う言語活動の基盤となるものである。――

また、小学校学習指導要領においても、答申の記述にあるICT活用教育の実現を求める、以下のような内容が明記されています。（小学校学習指導要領第1章総則第4の2の(9)）

――各教科等の指導に当たっては、児童がコンピュータや情報通信ネットワークなどの情報手段に慣れ親しみ、コンピュータで文字を入力するなどの基本的な操作や情報モラルを身に付け、適切に活用できるようにするための学習活動を充実するとともに、これらの情報手段に加え視聴覚教材や教育機器などの教材・教具の適切な活用を図ること。――

学習活動で子どもたちの思考力・判断力・表現力などを育成するためには、言語活動を充実させることが求められます。そして、その基盤には情報活用能力を身につけさせる教育や、ＩＣＴを効果的に用いたわかりやすい授業の実現が必須です。

そのうえで教育活動の質を改善していくことが、二一世紀を生きる子どもたちの「生きる力」の育成につながると言えるでしょう。

国策としてのＩＣＴ活用教育

ＩＣＴを活用した教育をいかに展開していくかは、日本にとって長年の重要課題となっています。電子黒板やタブレット端末などのＩＣＴを活用した教育の電子化が国策として推進されて重要性が高まっています。

とくに、教育現場で訴えられているのが以下の三点です。

1　情報教育の必要性

2　ＩＣＴを活用した「わかる授業」の実現

3　校務の情報化による効率化と教育活動の質の改善

こうした状況のなかで、小学校でも積極的にＩＣＴが導入され、授業や校務に利用されるようになってきています。

二〇一一年四月二八日、文部科学省は、学校教育（初等中等教育段階）における教育の情報化に関する総合的な推進方策「教育の情報化ビジョン」をとりまとめました。(4)

そこでは、二一世紀における知識基盤社会やグローバル化、ＯＥＣＤが定義づけた「キーコンピテンシー」（20ページ参照）などにふれつつ、こうした時代を生き抜く子どもたちが、どのようなリテラシーやスキルを習得すべきかについて検討・提示されました。

とくに、情報活用能力の育成やＩＣＴを効果的に用いたわかりやすい授業の実現が重要視されています。具体的には、学習者である児童一人ひとりが一台ずつタブレット端末を利用し、それと連動した電子黒板、書画《しょが》カメラ（実物投影機のこと。平らな書類、書籍や、また、立体物などをプロジェクターのスクリーンや大画面ディスプレイに表示できる機械）などが用いられている教育環境がイメージ図として描かれています（27ページ）。

さらに、「教育の情報化ビジョン」では、デジタル教科書・教材、情報端末、ネットワーク環境などの整備も唱《とな》えられています。

また、ＩＣＴの特徴を最大限に生かした「一斉授業」に加え、子どもたち一人ひとりの能力や特性に応じた「個別学習」や、子どもたち同士が競い合いながら共に学べる「協《きょう》働《どう》学習」を推進しています。

これらスタイルのなかでも、とくに「協働学習」という子どもたち同士の相互作用による学びにおいてこそ、ＩＣＴの活用は威力を発揮します。

ほかにも、ＩＣＴに関する教育政策として、文部科学省だけでなく総務省の「フューチャースクール推進事業」(5)など、省庁単位でさまざまな実証実験を行っています。

しかし、そうした実践の場で扱われているのは、小学校五～六年生や中学生を対象とした事例が中心を占めており、小学校低学年層については一部に留まっています。

たとえば、文部科学省による「学びのイノベーション事業実証研究報告書」(6)で紹介されている具体的実践事例は二一ありますが、小学校一～二年生を対象にしたタブレット端末の授業事例はわずか一つだけです。

文部科学省「教育の情報化ビジョン」

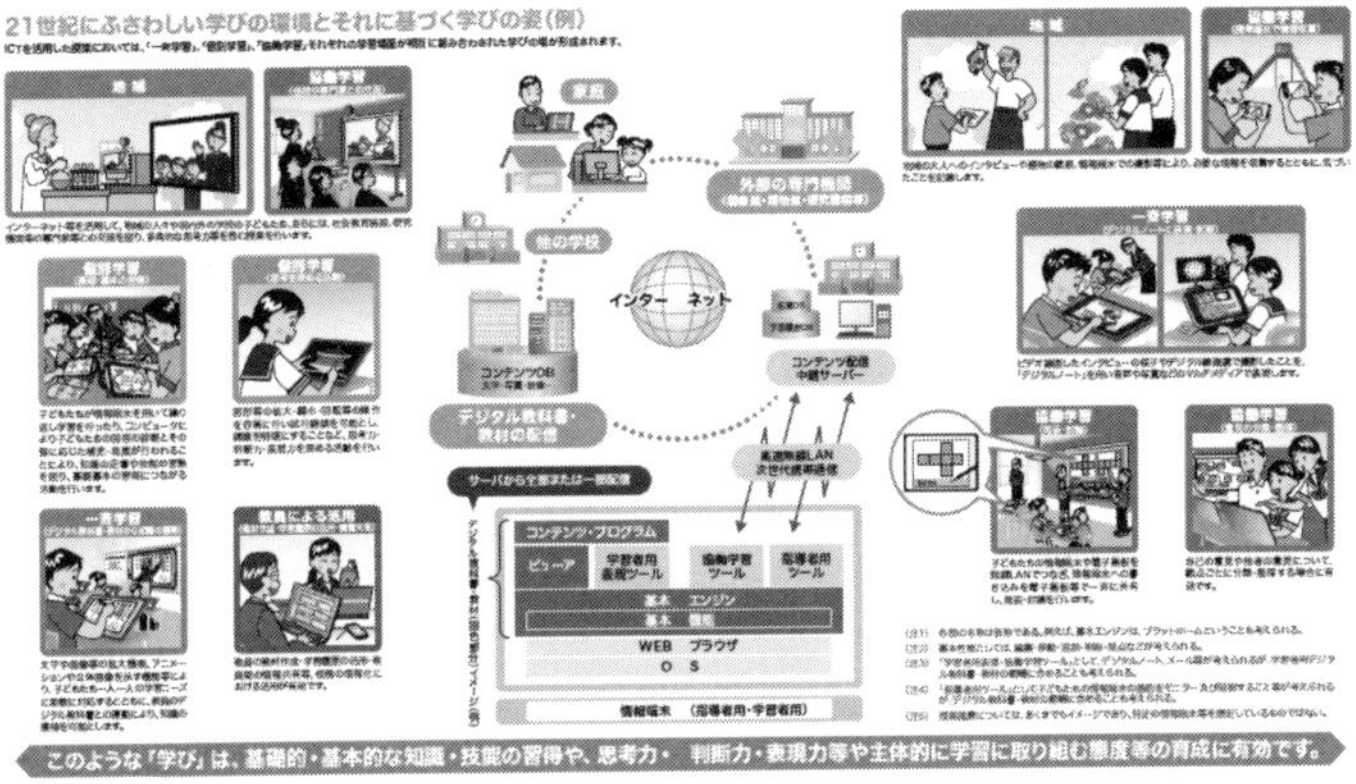

出典：文部科学省「教育の情報化ビジョン」パンフレット
www2.japet.or.jp/info/mext/ICTvision-pamphlet.pdf

数字が示す他国との差

教育情報化の国際比較において、頻繁《ひんぱん》に参照されるデータが「教育用コンピュータ一台当たりの児童生徒数」です。(7)

韓国では四・七人に一台（二〇一一年）、アメリカは三・一人に一台（二〇〇八年）、シンガポールは二・〇人に一台（二〇一〇年）であるのに対し(8)、日本では二〇一七年三月の段階でも五・九人に一台となっていることが文部科学省の調査で明らかになっています。

しかも、政府によるＩＣＴ政策は推進されているものの、コンピュータ整備に関するデータで見ると、実際の教育現場の環境整備は加速度的には進んでおらず、ゆるやかな横ばい状態が続いているのです。

また、二〇一八年の日本の電子黒板の整備台数は十一万三三五七台ですが、これを全国

図1-1 教育用コンピュータ1台当たりの児童生徒数

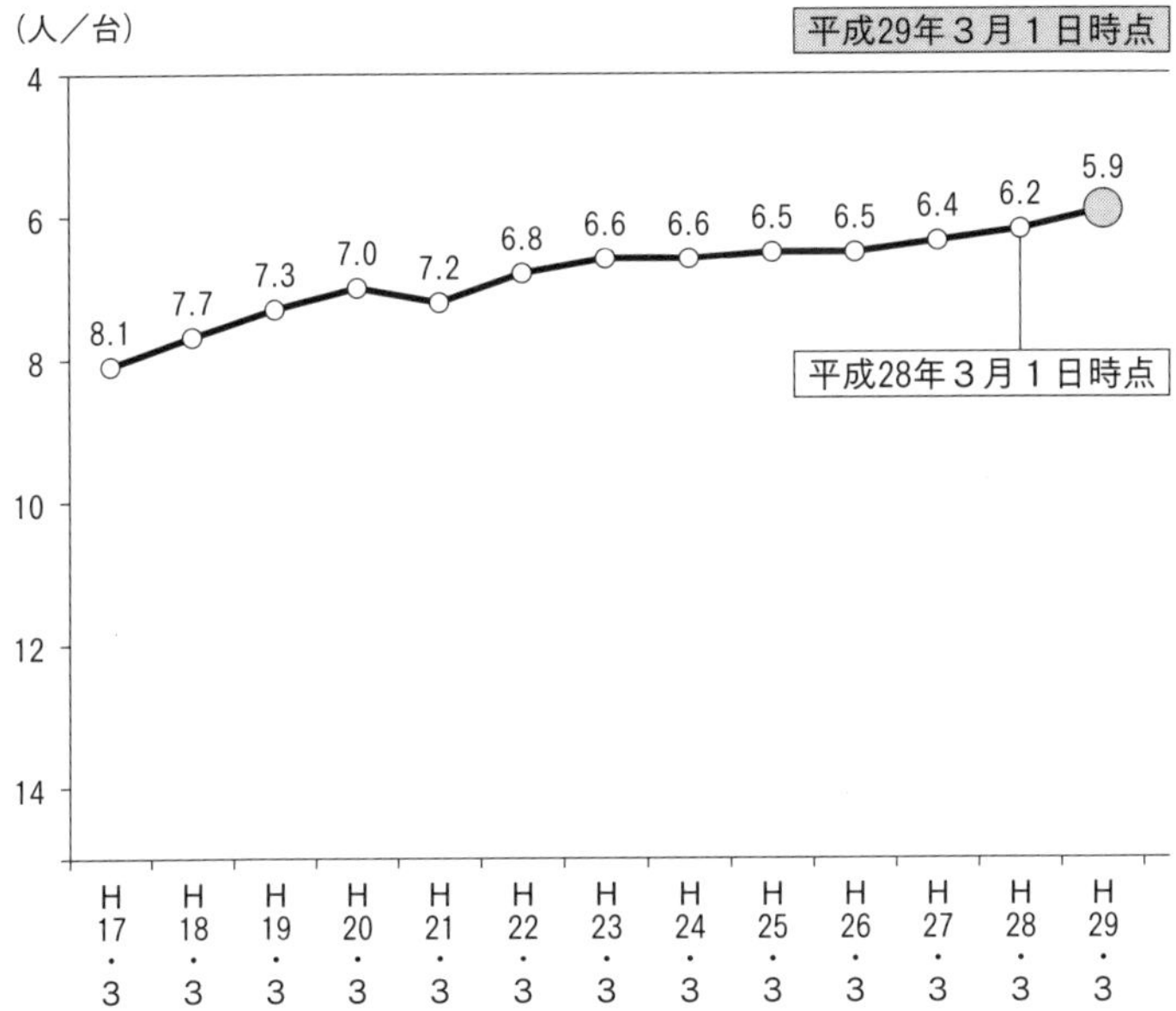

実際の教育現場の環境整備は加速度的には進んでおらず、台数はゆるやかな横ばい状態が続いている。

「平成28年度学校における教育の情報化の実態等に関する調査結果」(文部科学省)
http://www.mext.go.jp/a_menu/shotou/zyouhou/detail/1395145.htmをもとに作成

的にならすと二四・四パーセントの普及率ということになります。一方、イギリスは八〇パーセント、デンマークは五三パーセント、アメリカは四一パーセント（いずれも二〇一一年）と、日本を大きく上回っています。(9)

なお、デンマーク、スウェーデン、フィンランドの北欧三国は教育の情報化に早くから取り組んでいて、それぞれ米英とは一線を画《かく》する独自の公教育制度と政策方針を維持しつつ、教育情報化を推し進めています。

なかでも最も先進的なスウェーデンでは、教育用コンピュータの台数は二・〇人に一台となっています。

また、デンマークでは、家庭で使っている情報端末を学校での学習にも利用するＢＹＯＤ（Bring Your Own Device）を二〇一三年から実施しています。

成果を上げている近隣アジア諸国

ＩＣＴ活用を早くから国策として推進しているシンガポールと韓国では、大きな成果を上げています。

国際教育到達度評価学会が四年ごとに実施している「国際数学・理科教育動向調査（ＴＩＭＳＳ）」[10]によれば、両国は、初等中等教育において世界トップクラスの成績を収めています。[8] 33ページの表は小学校のものですが、日本より近隣アジア諸国のほうが先を行っていることがわかるでしょう。

ＩＣＴ先進国家であるシンガポールは、国土面積が東京二三区とほぼ同じ約七〇〇平方キロメートルであるのに対し、人口約五六〇万人（二〇一六年）と、人口密度は世界第二位の高さになっています。しかも、天然資材を有していないことから、「優秀な人材を育成することが地域社会を活性化させて、さらには国家の安定充実につながっていく」と、グローバル社会で活躍する人材を教育することを早くから国家戦略に掲げていました。

シンガポールでは、一九九〇年代より国家総力をかけてICT活用による国家戦略プランを計画・実行し、ICT先進国家として、さまざまな事業を進めています。(11)

教育現場へのICT活用では、日本の文部科学省に相当するMOE(シンガポール教育省)(12)が、人的資源の開発を目指して作成した「ICT教育マスタープラン」が有名です。これは、すでに二つのステージを終了し、二〇一三年から第三ステージに入っています。

一方、韓国では学校教育の場でよりよいICT活用を行うために、コンテンツ・情報インフラ・システムなどの改善が進められています。(13)

たとえば、教育用コンテンツを提供する「EDUNET」と、「サイバー学習」「デジタル教育書」を統合させるクラウド基盤プラットホームが改良され、そのなかに「wedorang」というSNS機能も追加されています。(14)

また、正規教科のオンライン授業とオンライン採点システムなど、革新的な取り組みも進められています。

加えて、こうしたサービスをより効果的に活用できるように、標準化と法整備も検討され、保護者への学校教育情報の公開が拡大されています。もちろん、個人情報の保護が強

図1-2 小学校の国際数学・理科教育動向調査の結果

	算数		理科	
順位	国／地域	平均得点	国／地域	平均得点
1	シンガポール	606	韓国	587
2	韓国	605	シンガポール	583
3	香港	602	フィンランド	570
4	台湾	591	日本	559
5	日本	585	ロシア	552
6	北アイルランド	562	台湾	552
7	ベルギー	549	アメリカ	544
8	フィンランド	545	チェコ	536
9	イングランド	542	香港	535
10	ロシア	542	ハンガリー	534

ＩＣＴ活用を早くから国策として推進しているシンガポールと韓国がＴＯＰ２を占めており、日本より近隣アジア諸国の方が先を行っている。

「国際学力調査」（文部科学省）
http://www.mext.go.jp/a_menu/shotou/gakuryoku-chousa/sonota/detail/1344310.htmをもとに作成

化されていることは言うまでもありません。

さらに、二〇一四年一二月に韓国教育部によって公開された「第五次教育情報化基本計画（二〇一四〜二〇一八）」では、今後のICT活用教育の課題と政策方向が示されました。(15)

それは、「幼・初・中等教育」「高等教育」「生涯・職業教育」「教育福祉・特殊教育」「公共情報活用基盤・サイバー文化」の五つの領域で構成されており、五か年全体予算は約二兆三〇〇〇億ウォン（日本円にして約二三九八億円）が想定されています。

しかも、「幼・初・中等教育」が、全体の約半分の一兆一二七二億ウォンをとっているのです。そして、そのなかでとくに予算が多いのが、「学習者一人ひとり端末機導入（三二六〇億ウォン）」、「教員のICT融合教育力の強化（三二七一億ウォン）」、「次世代大学入試講義のサービス（一七六八億ウォン）」なのです。

また、二〇一八年までに、一人一台のパソコンと、学校の無線インターネット一〇〇パーセント完備、デジタル教育書の情報化という具体的目標も掲げられています。

増加するタブレット端末

二〇一七年十二月に、文部科学省は「平成二八年度学校における教育の情報化の実態等に関する調査結果」を公表しました。(7)全国の公立学校（小学校、中学校、高等学校、中等教育学校及び特別支援学校）を対象に、教育情報化の進捗度合いを調べたものです。

それによると、学校のＩＣＴ整備率では、コンピュータ一台あたりの児童生徒数は五・九人、普通教室の校内ＬＡＮ整備率は八八・九パーセントでした。

特筆すべきは、「教育用コンピュータのうちタブレット端末型コンピュータの台数」の推移です。タブレット端末型コンピュータの導入数は、三七万三五三八台。その数、三年間で五・一倍と急激に伸びているのです。一方、すべての教育用コンピュータ台数は二〇二万七五二〇台であり、タブレット端末型コンピュータはまだ二割にも届かない状況にありますが、その割合はどんどん増えていく傾向にあります。

図1-3 教育用タブレット端末型コンピュータの台数

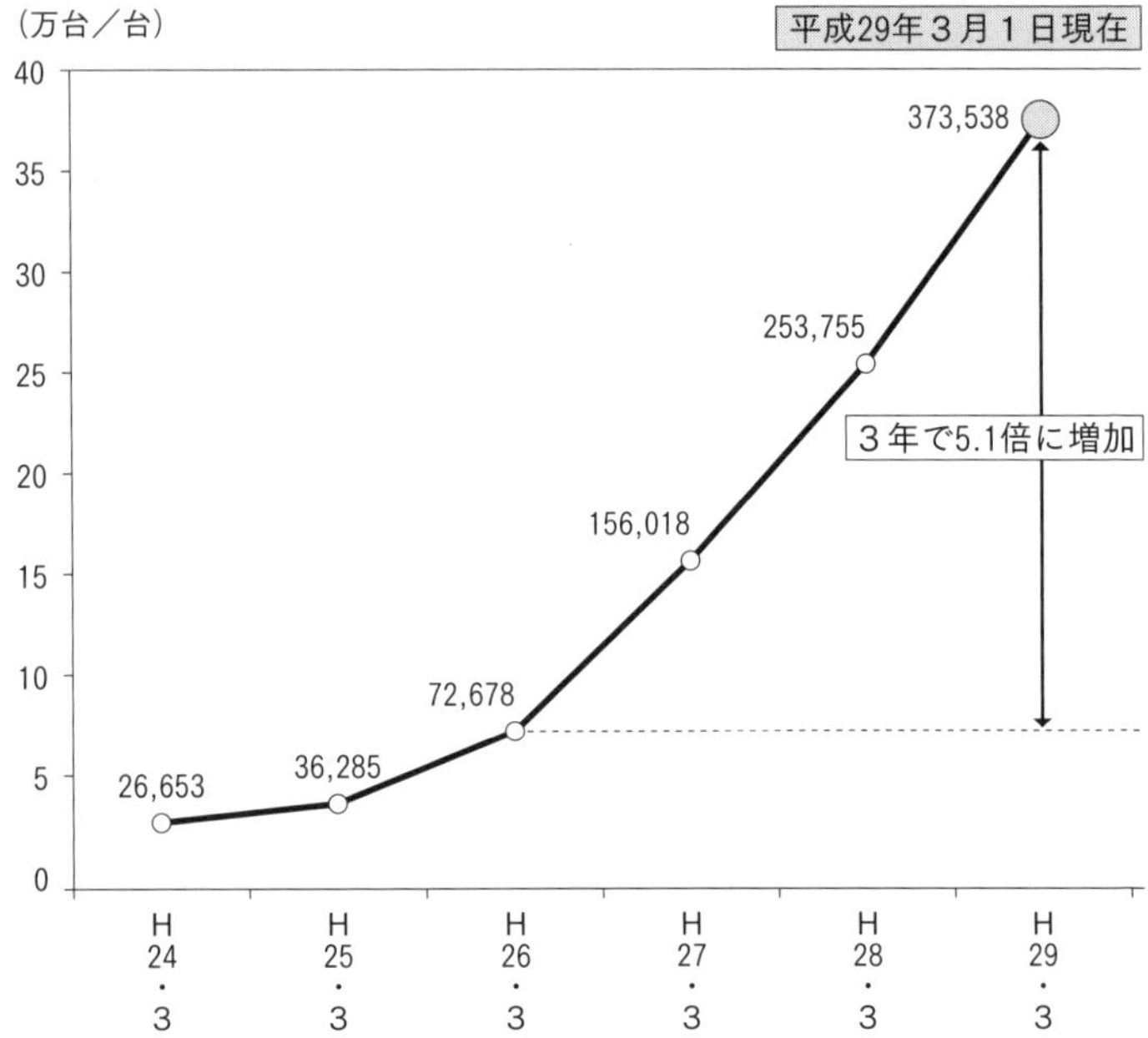

すべての教育用コンピュータのうちタブレット端末型コンピュータはまだ2割にも届かないが、3年間で5.1倍と急激に伸びており、その割合はどんどん増えていく傾向にある。

「平成28年度学校における教育の情報化の実態等に関する調査結果」(文部科学省)
http://www.mext.go.jp/a_menu/shotou/zyouhou/detail/1395145.htmをもとに作成

タブレット端末の導入は低学年からが望ましい

では、小学校において、タブレット端末などのＩＣＴを授業に活用しようと考えたら、どの学年から導入するのが適切でしょうか。

総務省が発表している「通信利用動向調査（世帯構成員編）」(16)のタブレット端末利用率を年代別に集計したのが39ページのグラフです。

これを見ると、六歳から一二歳までの小学校段階の子どもたちの利用率が急速に上がっていることがわかるでしょう。

一方で、同じく総務省の情報通信政策研究所による「子どものＩＣＴ利活用能力に係る保護者の意識に関する調査報告書」(17)によれば、携帯電話・ＰＨＳ・スマートフォンのいずれかを占有する児童は小学校低学年においても二割を占め、児童がそれら端末に触れる時期は年々早まっています。

また、筆者が授業にタブレット端末を取り入れる前に行った、慶應義塾幼稚舎で担任しているクラス内のアンケート調査でも、一年生の大多数がタブレット端末やスマートフォンに触れたことがあると回答しています。

しかし、前述したように、小学校低学年からＩＣＴ機器を活用するための基礎教育の指導計画は確立していません。

子どもたちがＩＣＴや情報通信ネットワークに慣れ親しみ、文字入力やウェブへのアクセスなどの基本的な操作スキルだけではなく、適切な情報モラルも身につけ、正しく情報活用能力を身につけることができるようになるためには、**小学校一年生の時点から、タブレット端末を身近な文房具の一つとして捉えられるような学習環境と指導計画を整えることが重要**だと考えています。

図1-4 日本の子どもたちのICT機器利用

タブレット端末利用率

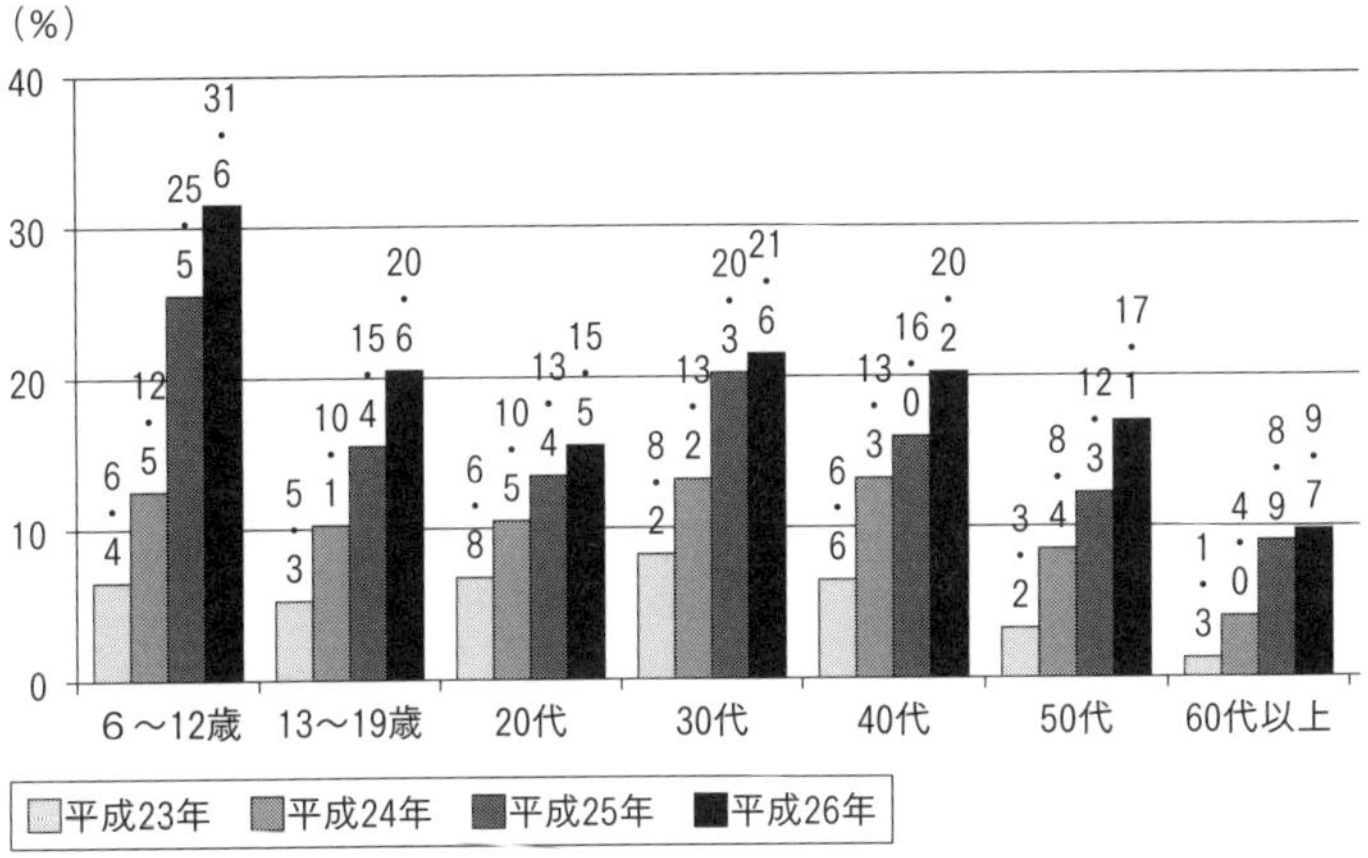

子どもの携帯電話等保有率

		(人／%)	占有している	占有していない
全体		4800	53.2	46.8
子どもの学年	小学校１～３年	1200	79.0	21.0
	小学校４～６年	1200	69.8	30.3
	中学生	1200	50.0	50.0
	高校生	1200	13.9	86.1

小学生のタブレット利用率は年々増加しており、携帯電話、ＰＨＳ、スマホも２割が所有している。

上：「通信利用動向調査（世帯構成員編）」
http://www.soumu.go.jp/johotsusintokei/statistics/pdf/HR201600_001.pdf（総務省統計局）をもとに作成
下：「子どものICT利活用能力に係る保護者の意識に関する調査報告書」（総務省情報通信政策研究所）
http://www.soumu.go.jp/iicp/chousakenkyu/data/research/survey/telecom/2014/2014children-ict.pdfをもとに作成

タブレット端末は文房具

担任しているクラスで行った事前アンケートでは、授業で使用する前はタブレット端末を「ゲームをする機械」＝「ゲーム機」として認識している児童が多くいました。保護者のなかにも、そうした意識が強いために「授業でタブレット端末を？」と気にかけていた方がいたかもしれません。

しかし、**授業で活用するタブレット端末は「文房具」です**。しかも、日常生活に身近なものであり、最新のとても便利な文房具です。それを学習に役立てるために使う文房具として用いることで、ICT活用能力を学習行動の一部として定着させることに効果があるのです。

また、タブレット端末を新しい文房具として授業に取り入れることで、それらを大切に扱うお作法や学習習慣を身につけさせることにも効果的です。

図1-5 タブレット端末を「文房具」にするための学習習慣・作法

ものは大切にする	⟷	タブレットを大切に扱う
先生のお話のときは目を見る	⟷	タブレットから手を放して先生を見る
鉛筆の握り方	⟷	タブレットの持ち方
鉛筆での書き方	⟷	タブレットでの文字入力
消しゴムの使い方	⟷	文字の消去の仕方
ノートに鉛筆で書いて提出する	⟷	タブレットで文字入力して情報共有
本で調べて、ノートに記録する	⟷	Web検索して、その結果をデジタルノートにまとめる

従来の文房具を活用した場合と、タブレット端末を文房具として活用した場合の学習習慣・作法の対応表。基本的な部分は同じである。

小学校一年生の段階で「タブレット端末を大切に扱う＝ものは大切にする」「タブレット端末から手を離して先生を見る＝先生のお話のときは目を見る」といった基本的な学習に対する作法や躾を学ぶことで、その習慣は卒業時まで（あるいは大人になってからも）残るでしょう。

こうして身についた学習習慣は、授業だけでなく家庭での宿題・予習・復習などの場面でも発揮されます。すなわち、**家庭や日常生活などの場でも、ものを大切にし、人の話をきちんと聞く子どもに成長する**ということです。

こうしたことからも、小学校入学の時点でタブレット端末を学習に取り入れることには大きな意味があるのです。

「使われ方」への問題提起

ＯＥＣＤが行っているＴＡＬＩＳ（国際教員指導環境調査）で、いくつかのデータが示されています。

45ページ上段にあるのは、プロジェクトや教室での学習活動で児童がＩＣＴを使用する年間の頻度をアンケート調査した結果です。[18][19]

日本は「まったく・ほとんど使ったことがない」が六割を超え、他国と比べ使用頻度が著《いちじる》しく低くなっています。

もう一つ、学外での課題を行うためにインターネットをどの程度利用しているかを調査した結果でも（45ページ下段参照）、やはり、「まったく・ほとんど使ったことがない」が五三・六パーセントと飛び抜けて高くなっています。[20]

もちろん、日本でも先進的な試みは各地でなされています。タブレット端末を教育の現場で活用する動きも出てきています。

しかし、以下に記すように、海外と日本では、使用機材は似ているものの活用の仕方に大きな違いがあるのです。

【海外諸国でのタブレット端末活用の特徴】

- タブレット端末などＩＣＴ機器は、文房具扱いで児童生徒が管理する。
- Word・Excel などの Office 系アプリ、Google Apps や Dropbox などのクラウドサービスが積極的に活用されている。
- 電子メール、ＳＮＳなど、学校・保護者・児童生徒間のコミュニケーションのためのＩＣＴ利用という共通認識が構築されている。
- 紙の教科書よりも教師作成の教材や市販の副教材の利用が多い。

【日本のタブレット端末活用の特徴】

- タブレット端末などのＩＣＴ機器は、教師が教えるための道具として学校が管理する。
- 指導者用デジタル教材の使用が主な目的で、その利用は授業内のみである。
- 電子メール、ＳＮＳなど、学校・保護者・児童生徒間のコミュニケーションのための

図1-6 日本と海外のICT機器活用度

児童がICT機器を使う年間頻度

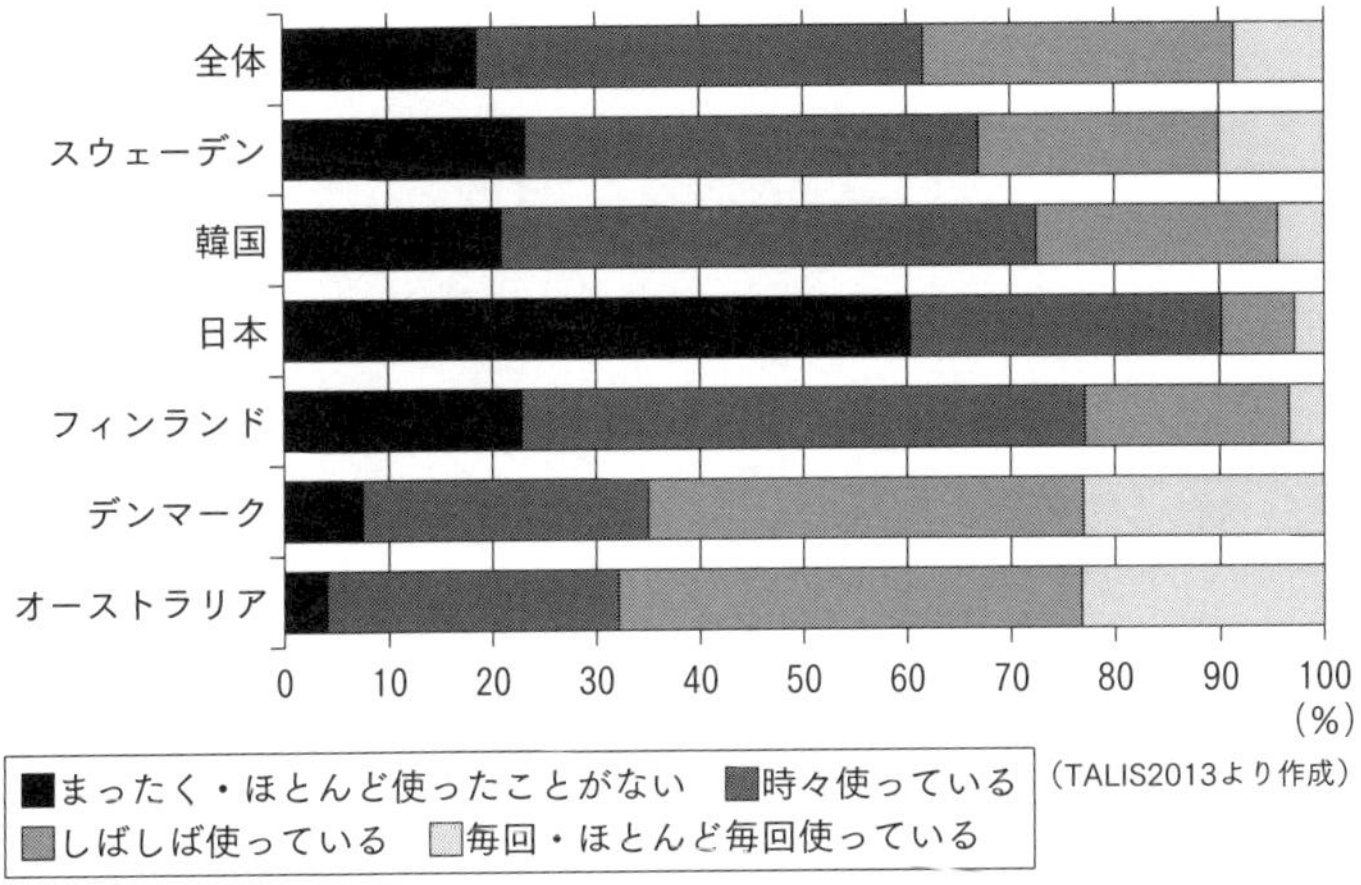

（TALIS2013より作成）

学校外で課題のためにインターネットを使う頻度

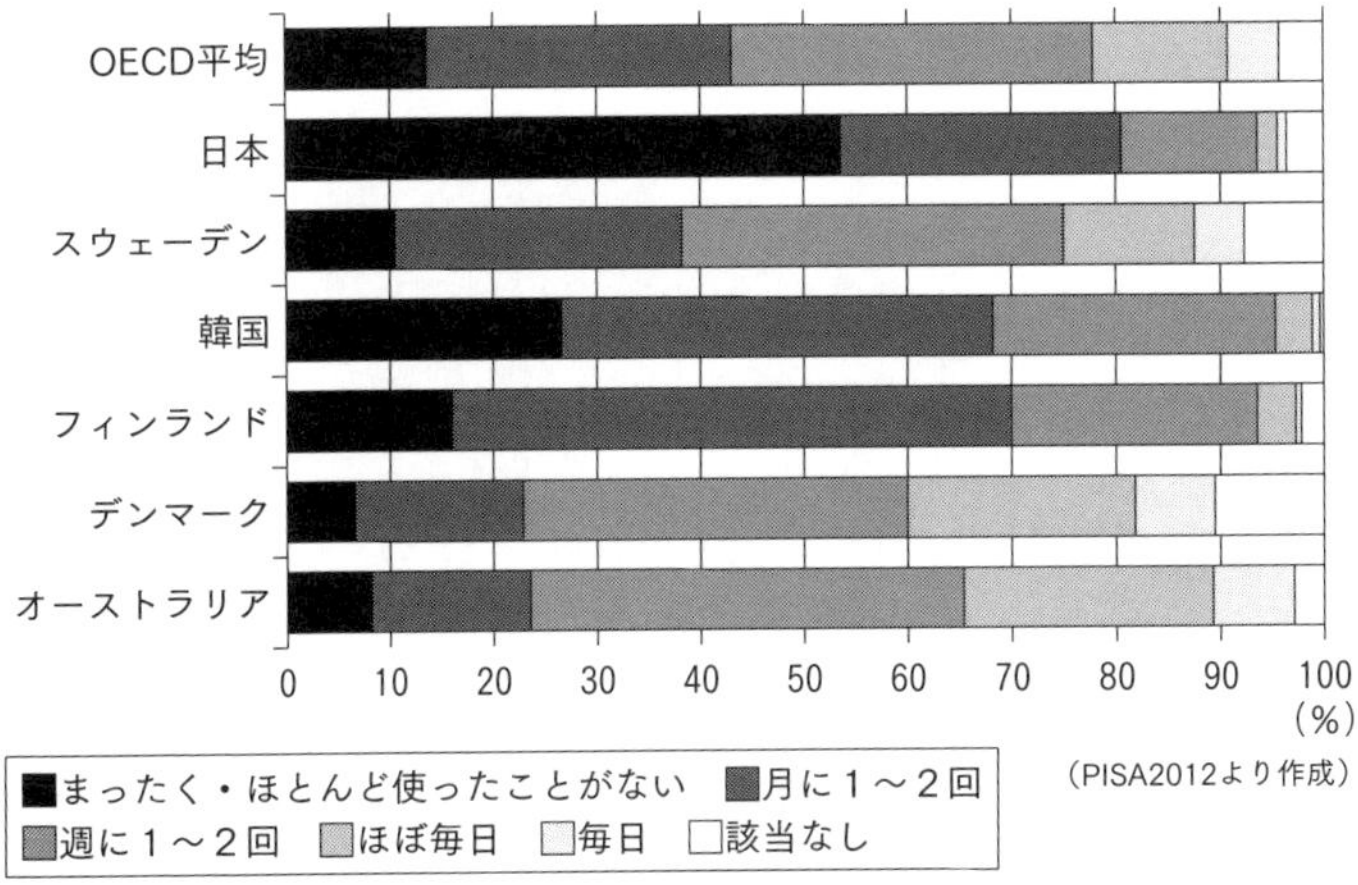

（PISA2012より作成）

他国の平均と比べて、日本はＩＣＴ機器やインターネットを「学習の場で使ったことがない」とする率が飛びぬけて高い。

ＩＣＴ利用という共通理解がない。

●紙の教科書を主に利用しており、デジタル教科書の位置づけが現時点では曖昧《あいまい》である。

ＩＣＴは、子どもたちの学習のために

政府や各自治体が教育の現場にＩＣＴを導入し、いくら環境整備が進んだとしても、それが**「教員がＩＣＴを用いて授業を行う」だけのものに終わってはなりません**。

重要なのは、「子どもたちがタブレット端末を学校での学習活動（授業）で使える」環境をつくることです。タブレット端末に代表されるＩＣＴ機器を、優れた文房具の一つとして活用することです。

自分が管理する文房具の一つにタブレット端末があれば、子どもたちはそれを学校という場だけでなく幅広い学習に活用し、主体的に学ぶことが可能になります。

もちろん、そのためには、タブレット端末を身近な文房具として活用する能力が必要であり、だからこそ小学校低学年のうちからなじんでおくことが望ましいのです。

日本でも、総務省の「フューチャースクール推進事業」や文部科学省の「学びのイノベーション事業」をはじめ、子どもたちが一人一台のタブレット端末を活用するさまざまな実証研究が行われてきました。[5][6]

そこでは、以下のような報告がなされています。

「一人ひとりの子どもの思考が多くの児童に共有され、検討されて、新しい智を創造する授業が実現したときは、未来の教育への大きな可能性を垣間見るようであった。（中略）画面を回して見せ合うことでペアやグループでの話し合いに効果を発揮する」（堀達司）[21]

「タブレット端末PCの携帯性やタッチインターフェイスに支えられた直接的な操作性の優位性が支持されていると考えられる」（加藤直樹ほか）[22]

そのほか、多くがタブレット端末の優位点を評価するとともに、テクノロジーとしてのタブレット端末を活用した実践を行うことで、新しい学習デザインの創出や学習展開が可能になったという点に着目しています。

実際の教育現場での取り組み

　これまで述べてきたように、グローバル社会で活躍する創造性豊かな人材を育成するためには、早い段階からのＩＣＴを用いた教育（学習活動）について真剣に検討する必要があることに間違いありません。ところが、小学校一年生からＩＣＴを継続して用いるような指導計画や授業カリキュラムについては、学習指導要領や文部科学省検定済教科書には具体的記載がないのが現実です。

　学習指導要領とは、一定水準の教育を保障するため、各学校で教育課程（カリキュラム）を編成する際の基準を文部科学省が示したものです。

　小学校、中学校、高等学校ごとに、それぞれの教科の目標や大まかな内容を定めてはいますが、特に小学校低学年におけるタブレット端末を活用した授業については明らかにされていないのです。

そのため、実際の初等教育の現場でタブレット端末を活用する実践研究は、慎重に検討を重ねたうえで進めることとなりました（実践は、筆者・鈴木が慶應義塾幼稚舎において担任するクラスにおいて行いました）。

児童一人に一台配布するタブレット端末については、以下のように定義しました。

- タブレット端末は文房具として、現時点（小学校一～二年生の段階）では、学校・教師が管理・制御する。
- 小学校一～二年生の段階では、デジタル教材提示・配信・単純回答集約を行いつつ、「Google Apps for Education」や「Dropbox」などの汎用《はんよう》クラウドサービスを利用してユーザー管理をし、授業内で各種アプリを応用的に活用する。
- 学習者向けのクラス専用SNSなど、双方向のコミュニケーションを媒介《ばいかい》するサービスを始める。
- 教科書に対する依存度が高いこともあり、児童用タブレット端末にはすべてデジタル教科書をインストールしておく。

さらに、以下の四つの仮説を立てたうえで実践を始めました。

1　ＩＣＴ活用を小学校一年生の段階から始めることは、ＩＣＴ利活用を学習行動の一部として定着させることに効果的である。

2　ＩＣＴ活用を、国語や算数、生活科といった普通教室の普通教科の授業で組み込んで行うことは、ＩＣＴ利活用を学習行動の一部として定着させることに効果的である。

3　タブレット端末を「文房具」として位置づけ、その活用能力の育成を実施することは、ＩＣＴ利活用を学習行動の一部として定着させることに効果的である。

4　タブレット端末を活用した学習について保護者の理解を得ることは、ＩＣＴ利活用を学習行動の一部として定着させることに効果的である。

はたして、この仮説はすべて実証されることになりました。

では、次章で実際の取り組みを紹介していきましょう。

第 2 章

タブレット端末を用いた授業の実践と背景

慶《けい》應《おう》義《ぎ》塾《じゆく》幼《よう》稚《ち》舎《しや》という小学校

慶應義塾幼稚舎(23)は、その名称から幼稚園と誤解する人もいるのですが、純然たる小学校です。日本で最も古い私立小学校の一つで創立は一八七四年。二〇一四年には創立一四〇周年を迎えました。

この幼稚舎ができる前には、「童子寮」という一二歳から一六歳の子どもたちを預かる寄宿舎がありました。慶應義塾の創立者であり四男五女を持つ福澤諭吉《ふくざわゆきち》は、童子寮に学ぶ者たちよりもさらに幼少の子どもたちを育てる教育の場の必要性を感じていました。そこで、全幅の信頼を寄せられた和田義郎が、塾生のなかで最も幼い者数名を、三田《みた》の慶應義塾構内にある自宅に寄宿させ、夫婦で教育を行ったのが幼稚舎の始まりです。

三田校舎が老朽化したのを機に、一九三七年に、現在の広尾《ひろお》に移転しています。そこは福澤諭吉の別邸があった広尾ヶ原と呼ばれた場所です。

慶應義塾幼稚舎の教育理念は、校歌である『幼稚舎の歌』の一節「福澤先生の教えを身に行う」にあるとおり、創立以来変わりません。世界を舞台としたグローバル社会のリーダーとして「独立自尊」を実践できる人材を育成することが柱の一つとしてあげられる学校です。

小学生の段階からそれを目指すためには、「子どもたちそれぞれが自分の意志意欲を持って、自分を磨きながら問題解決に取り組む」ことが必要になります。また、「共に思いやりの心を持って、自分にできることを一生懸命行う」という姿勢も必要です。

そうした子どもたちに育てるため、一人ひとりのさまざまな可能性に気づかせ、「自分にできること」を引き出し、さらなる成長を促《うなが》す場と機会を提供するのが慶應義塾幼稚舎の教育者の責務です。

六年間の担任持ち上がり制

慶應義塾幼稚舎がほかの小学校と大きく異なっている点の一つが、担任は六年間持ち上がり制だということです。つまり、六年間クラス替えがありません。一学年四クラスで、一クラス三六名。入学時のクラスメンバーのまま卒業を迎えます。

その狙《ねら》いは、一人の担任が入学から卒業までの六年間を通し、細やかな対応をしながら、児童一人ひとりの成長を長い目で見守っていくことにあります。

その分、担任の責任は非常に重いものがありますが、学級経営や教育内容については担任に一定の裁量があります。だからこそ、一年生から授業にタブレット端末を導入するという授業の実践も実現できたと言えるでしょう。

また、六年間、担任が持ち上がることについて、接する教員が限られてしまうのではないかという懸念を感じるかもしれません。慶應義塾幼稚舎では、担任が受け持つ教科は、国語、算数、社会、総合（生活）、体育の一部で、そのほかの科目はそれぞれ専門の教育を受けた教員が指導にあたっています。そのため、担任以外に多くの教員と接する機会があるのです。

具体的には、「教科別専科制」として、一年生のときから専任教員によって音楽・絵画・造形・体育・英語・情報という科目が設《もう》けられます（次項参照）。

なお、六年間クラス替えが行われないことは、子どもたちにとっても大きな意味を持ちます。学内外のさまざまな活動に、六年間、同じ仲間と取り組んでいくことで関係性を深めていくことができるからです。

そこでは、お互いに競い合いながらも違った能力や個性を持つ者として認め合い、助け合い、高め合っていくこととなります。

教科別の専科について

「専科」には、一年生のときから学ぶ音楽・絵画・造形・体育・英語・情報に加え、理科と習字があります。

それぞれの内容について簡単に述べておきましょう。

●理科

「直接経験重視」「採集理科」を基本理念にしています。理科を好きになる一番の近道は本物の自然に触れることと考えるからです。自然のなかで直接の体験をすることで、理科が大好きな児童の育成を目指しています。

なお、一九一一年、慶應義塾幼稚舎は、小学校としては日本ではじめて理科実験室を設けています。

●音楽

音楽の基礎となる歌唱を中心に授業は進められます。ハーモニカ、鍵盤ハーモニカ、リコーダーなどの楽器に成長段階に応じて取り組みます。

四～六年生になると、学内で行われる音楽会で二部合唱と器楽合奏を披露します。

●絵画

上手に描くことより、絵を描くことによって自分らしさを探り、それを生かす力をつけることを重視しています。一年生はクレヨン、二～三年生は水彩、四年生からは油彩に挑戦します。

●造形

立体造形を通して手技と感性、豊かな表現力、逞《たくま》しく生きる身体感覚を身につけます。紙工作、粘土造形、木工、彫刻、陶芸のほか、火や刃物も扱います。そこでは、古人の知恵から学ぶこともします。

●体育

人間の基盤づくりとして、「まず獣身《じゅうしん》を成《な》して、のちに人心《じんしん》を養《やしな》う」の教えに取り組みます。目標に向かって一生懸命努力して達成感を味わうことを目指していますが、その目標を教員が与えるのではなく、自分の力で見つけ出すことを重視しています。

●習字

毛筆学習を中心に、筆使いや文字の仕組みを理解させることで文字構成を習得してもらいます。創作活動においては、豊かな感性を育て自分らしさを表現することを大切にしています。

●英語

低学年では、歌や遊びを通して英語に慣れ親しんでもらうことを重視、四年生以降は少人数制で発話の機会を確保する授業を行います。

欧米やアジアの小学校と交流することで、実際に英語を使う場を持ち、児童のモチベーションを高めています。

「情報科」という専科

前項で説明したほかに、慶應義塾幼稚舎では、二〇〇一年度から全学年を通してコンピュータの活用などを学ぶ「情報科」を専門科目として設置し、専任教員による授業を行っています。

情報科の授業では、国語や算数、生活科といった教科学習では取り上げにくい、パソコンのタッチタイピングの習得や情報理論、プログラミング、プレゼンテーション資料の制作などを扱っています。

それによって、情報の科学的理解、たとえば、インターネットとホームページ、電子メールの区別など技術的な学びも可能になっています。

具体的には、一〜二年生ではマウス操作、ローマ字入力によるタッチタイピング、パズルゲームを使った論理的思考体験、ファイルを開く・保存するといったパソコンの基本操作などについて学習します。

三〜四年生になると、コンピュータを表現・創作活動の道具として使えるようになることを目標に置き、さまざまなデジタル作品作りを行います。文字、写真、イラストなどを画面上で自由に組み合わせ、プレゼンテーション資料、ポスター、絵はがきなど用途に合わせ適切なデザインを考えます。

	リテラシー	プログラミング、制御
		●論理パズルコンピュータゲーム「ズンビーニ」による論理的思考体験
	●肖像権の理解	
		●レゴマインドストーム「ＮＸＴ」によるロボット制御、プログラミング体験
	●インターネット検索 ●著作権の理解、ネットリテラシー、携帯電話やスマートフォンの利用上の注意 ●Ｗｅｂサイト「ネット社会の歩き方」 ●インターネットの仕組みの理解	●文部科学省によるＦＬＡＳＨサイト「プログラミン」によるプログラミング体験 ●Ｗｅｂサイト「アルゴロジック」による論理的思考の体験

図2-1 慶應義塾幼稚舎の情報科カリキュラム(平成27年度)

	基本操作	文字入力	表現
1年生	●Ｗｉｎｄｏｗｓタブレットの「ペイント」を使ってお絵描き ●【展示】動物うちわ ●ＰＣソフト「ポケモンＰＣチャレンジ」でマウスの練習		
2年生	●お絵描きソフト「キッドピクス」で絵を描いてファイル名をつけて所定のフォルダに保存し、印刷	●自分の名前、友達の名前をローマ字入力 ●ＰｏｗｅｒＰｏｉｎｔのイラスト検索機能を使って単語入力の練習	●ｉＰａｄで写真を撮影、ＰＣに取り込んでＰｏｗｅｒＰｏｉｎｔの機能を使って写真の合成
3年生	●ＰｏｗｅｒＰｏｉｎｔ、Ｗｏｒｄの利用	●各種タイピングソフトを使った練習 ●Ｗｅｂサイト「キーボー島アドベンチャー」 ●オリジナルタイピングソフトによるキーボード検定 ●【展示】Ｗｏｒｄによる「暑中お見舞いの葉書」作り	●文字の色やフォント、作品のレイアウト、デザイン調整 ●ｉＰａｄで撮影した写真を使った「オリジナル下敷き」作り ●ＰｏｗｅｒＰｏｉｎｔによる「学年劇のポスター」作り
4年生	●ＰｏｗｅｒＰｏｉｎｔ、Ｗｏｒｄの利用	●スピーチ「僕の／私の好きな〇〇」の原稿入力 ●【公開授業】プレゼンテーション「僕の／私の自慢料理」の原稿、プレゼン資料作り	●見やすいデザインの理解
5年生	●ＰｏｗｅｒＰｏｉｎｔの利用	●【展示】インターネットで情報収集し、それをもとにクイズを考え、ＰｏｗｅｒＰｏｉｎｔを使って「クリッククイズ」を作成	●ｉＰａｄアプリ「ＫＯＭＡＫＯＭＡ」を使ってコマドリ動画作成
6年生	●Ｅｘｃｅｌの利用	●【展示】クラス内でアンケート調査を行い、その結果をグラフにまとめ考察し、レポート「調べてみよう結果はいかに？」としてまとめる	●ｉＰａｄ版ｉＭｏｖｉｅで予告編動画づくり ●【展示】ｉＭａｃ版ｉＭｏｖｉｅでことわざドラマ作り ●卒業記念ムービー作り

五～六年生はより高度になって、基礎・リテラシーの定着、著作権の取り扱いに関する内容や情報管理も学びます。さらに、プログラミング、ウェブページの制作、パワーポイントを使った発表活動も行います。

学ぶことは楽しいこと

クラス担任が行う授業、専任教員が行う専科授業ともに、根底にあるのは、学問だけでなく心身の健康を含めた一人の独立自尊の人としての教育です。そのために、自分の持つさまざまな可能性に気づかせ、「自分のできること」を引き出し、さらなる成長を促す場と機会を提供しています。

例をあげれば、授業のほかに、百人一首大会、スキー合宿、水泳大会、海兵学校（四年生で行われる臨海学校）、高原学校、良書展（体育館に本を展示して、保護者と児童が閲覧・購入できる会）、ＢＬＳ（一次救命処置）、漢字読み大会、クラブ活動、音楽会、運動会、体力測定、学習発表会など（まだまだあります）、多くの活動や行事の場を用意しています。

なお、周囲にも思いやりの心を持って接し、友だちやクラスの仲間を大切にし、そのうえで、自分の頭でものを考えることができる子どもに育てるには、つまり「独立自尊」を身につけてもらうためには、子どもたちにとって「小学校で学ぶことが楽しい」環境であることが大切です。

とくに、一年生から二年生の低学年のときに、クラスの仲間と助け合いながら「学ぶことは楽しいこと」という考えのもとで過ごすことで、独立自尊の人としての礎《いしずえ》を築けるようにしています。

このような学校の教育方針を体現しているのが、一年生から二年生までは「A・B・C」といった評定《ひょうてい》を行わない教育システムなのです。まだ学び始めたばかりの潜在的可能性を秘めた原石のような児童に対し、こうした評定はプラスにならないと考えるからです。

さらに「学ぶことは楽しい」気持ちを醸成してもらうために、タブレット端末などのＩＣＴ機器を学習道具として導入することも、その一助になるでしょう。

三時間のカリキュラム

グローバルな知識基盤社会のうえで、多様化そして複雑化する二一世紀を生きる子どもたちには、より高度な知的生産能力や問題解決能力が求められます。

そのためには、マニュアル通りのことを行うレベルでのＩＣＴ教育では足りません。もちろん、「教えるための道具」として教員が一方的にＩＣＴ機器を用いるのではまったく足りません。

子どもたち一人ひとりが自分の頭で考え、自分の思うように文房具としてＩＣＴ機器を

	活用能力レベル
本操作」	1
	1
	1
	1
	1
	1
	1
	1
	1
	2
	2
	2
	2
	2
	1
	1
	1
	1
	1
	1
	2
	2
	2
	2
	1
	1
	1
	3
	3
	3
	3

図2-2 1、2年生の授業内容（平成25・26年度）

	授業回	学習内容
1年生	第１回	国語：「タブレット端末活用の約束確認、収納方法、電源等基
	第２回	総合：「カメラ撮影方法、写真の見方」
	第３回	算数：「かずしらべ」好きな動物の写真を撮影
	第４回	算数：「足し算」 黒板アプリ
	第５回	国語：「絵を描く」黒板アプリ
	第６回	国語：「自由画」黒板アプリ
	第７回	国語：「写真の取り込み」お絵描きアプリ
	第８回	算数：「計算ドリル１」計算アプリ
	第９回	算数：「計算ドリル２」計算アプリ
	第10回	国語：「グループでお話作り」写真撮影と描画
	第11回	国語：「グループでお話作り」発表会
	第12回	国語：「新聞サイトの学習１」webサイト
	第13回	国語：「新聞サイトの学習２」webサイト
	第14回	国語：「新聞サイトの学習３」webサイト
	第15回	国語：「お話作り１」音声アプリ
	第16回	国語：「お話作り２」音声アプリ
	第17回	国語：「漢字の書き方」漢字アプリ
	第18回	国語：「漢字の読み方」漢字アプリ
2年生	第19回	算数：「時間と時こく１」時計練習アプリ
	第20回	算数：「時間と時こく２」時計練習アプリ
	第21回	国語：「動画の撮影と発表１」（誰が・何をどうした）
	第22回	国語：「動画の撮影と発表２」（誰が・何をどうした）
	第23回	国語：「パラパラ漫画作り１」スイミー
	第24回	国語：「パラパラ漫画作り２」スイミー
	第25回	国語：「漢字練習」漢字アプリ
	第26回	国語：「フリック入力の練習１」
	第27回	国語：「フリック入力の練習２」
	第28回	国語：「自己紹介」Edmodo
	第29回	総合：「秋を探してをテーマに写真投稿」Edmodo
	第30回	国語：「つづき落語ばなし」の制作　Edmodo
	第31回	国語：「つづき落語ばなし 絵本作成と返信」Edmodo

使いこなすリテラシーが必要なのです。

そこで、実際の教育現場でICT機器を活用し「楽しくてわかる授業」を実現するために、筆者・鈴木が担任するクラスの児童（現在は五年生となっている三六名＝男子二四名と女子一二名）に対し、一年生のときから一人一台のタブレット端末を導入し、実践授業を二年間、継続して行ったのです。一年生のときに一八時間、二年生で一三時間の合計三一時間のカリキュラムです。

64、65ページにあるのが、実際に行われたカリキュラムの一覧です。

国語の授業での利用が多くなっていますが、算数や総合の授業にも取り入れています。

なお、最初の授業から順を追ってレベルが上がっていくという単純な流れにはなっていません。もちろん、まずは基本的な扱いといったところから入りますが、あくまで小学一年生～二年生の授業内容に沿わせてカリキュラムを組んでいるため、用いるタブレット端末機能やアプリの操作レベルがまちまちになるからです。

ただ、いずれにしても、二年間の授業を通し、次項で説明する「レベル1」から「レベル3」までのタブレット端末活用能力を子どもたちが確実に身につけることとなりました。

本書では、タブレット端末活用能力とは、「児童が、学習場面に応じて、自分の頭で考えて、課題解決へ向けてタブレット端末の使い方を取捨選択し、タブレット端末を学校において身近に使える文房具として学習に活用できるようになる能力（意識・感覚）」と定義しています。

タブレット端末活用能力レベル1～3

前述したように、タブレット端末を活用した授業実践のカリキュラムは、一年生で一八時間、二年生で一三時間の、合計三一時間としました。

そのうえで、子どもたちのタブレット端末操作習得度に合わせ、レベルを三段階に分けて考えました。

「レベル1」は、小学校一年生の授業にはじめてタブレット端末を導入するにふさわしい段階です。子どもたちにとって、新しい文房具であるタブレット端末をどう使っていくのかというルールや、基本的操作を徹底的に習得してもらうことを狙いました。

タブレット端末はどこに置いてあるのか。

自分のタブレット端末を、どう取り出し、片づけるのか。

電源の入れ方や基本的な操作、機能についてはどうなっているのか。

どんなアプリを用いて、どんなことができるのか。

これらを教えるために、さまざまな約束事を守ってもらうと同時に、カメラ機能、お絵描きアプリ、漢字ドリルや計算ドリルといったアプリを活用しました。

「レベル2」では、個人学習で一通り習得した基本的なスキルを、グループ学習で展開していきました。

カメラ機能とお絵描き機能を組み合わせて、グループでお話作りを行い、それを発表する場も設けました。

録音機能の利用や動画撮影も、グループで取り組ませました。

また、ウェブサイトへのアクセスについても簡単に説明し、新聞社のサイトへアクセスし、写真のキャプションを制作するといった試みも行いました。

この段階で児童たちは、タブレット端末を既存の学習にプラスアルファするための文房

図2-3 タブレット端末活用能力レベル別カリキュラム一覧

レベル	タブレット端末活用能力レベル1 ➡	タブレット端末活用能力レベル2 ➡	タブレット端末活用能力レベル3
スキル目標	基本のスキル	活用のスキル	応用のスキル
学習形態	個別学習	グループ学習	協働学習
学習内容	●タブレットの約束 ●カメラ機能 ●お絵描き ●学習ドリル ●録音機能 ●フリック入力	●カメラ機能＋お絵描きによるお話作り ●動画撮影機能 ●Ｗｅｂアクセスによるキャプション文章作り ●パラパラアニメーション作り	●教育用ＳＮＳのアクセスにより自己紹介 ●教育用ＳＮＳのアクセスにより秋の紹介 ●教育用ＳＮＳのアクセスにより落語作り

子どもたちのタブレット端末操作習得度に合わせてレベルを３段階に分けた。

具として、従来からある一般的な紙のノートに下書きやストーリーをまとめてから、タブレット端末を使用するといった使い方ができるようになっています。

「レベル3」では、児童たちはもはや、教師の手助けがなくともタブレット端末を使いこなせるスキルを身につけています。個別学習で習得したフリック入力もかなり上手になっており、最初に見せたタブレット端末利用に対する不安感はなく、子どもたちは積極的に操作を進めていきました。

そこで、教育向けSNSを利用し、クラス全員が投稿を行い、その情報を共有し、ブラッシュアップし合うという協働学習を実施しました。

使用したタブレット端末と環境

慶應義塾幼稚舎で行った実践授業では、児童一人一台ずつのタブレット端末を導入しました。

児童が「自分の大切な文房具」と認識できるように、全員分のタブレット端末を用意し、出席番号を使って自己管理ができる環境を構築しました。
具体的にはASUS社製(24)のAndroidを導入し、クラス児童三六名分の出席番号をラベリングしました。さらに、充電環境の整った木製保管庫を私が手作りし、そこに収納するようにしました。これによって、児童が自分のタブレット端末がどこにあるか一目でわかるようになっています。
タブレット端末を使うことが「特別なことではない」と児童に意識してもらうために、インストールしたアプリは標準的かつ一般的なものとしました。最低限の機能を持つ安価あるいは無料のアプリのみです。

ネットワーク環境は、Cisco社製の無線アクセスポイントを設置し、ストレスなくネットワークを利用できる高速無線LANを構築しました。

また、AppleTVとMiracastの両方の規格に対応するアダプタを使い、iPad、Android、パソコンなどの画面を大型液晶ディスプレイ（電子黒板）のスクリーンへワンタッチで映し出せる設定をしました。

なお、教室のレイアウトは、73ページのようにしました。ICT機器類は教室前方に設置、タブレット端末の保管庫は左前方に置きました。

同時に、保護者会において、タブレット端末を一人一台ずつ配布して授業で活用することを説明しました。小学校低学年の段階で、これまでにない新しい教育・学習方法を取り入れるには、重要な関係者といえる保護者への説明責任があるのはもちろんのこと、その後の活動を順調に進めるためには保護者の理解と支持を得ることが不可欠だからです。保護者には、第3章で説明するアンケート調査へのご協力もお願いしています。

図2-4 子どもたちのために用意した環境

電子黒板

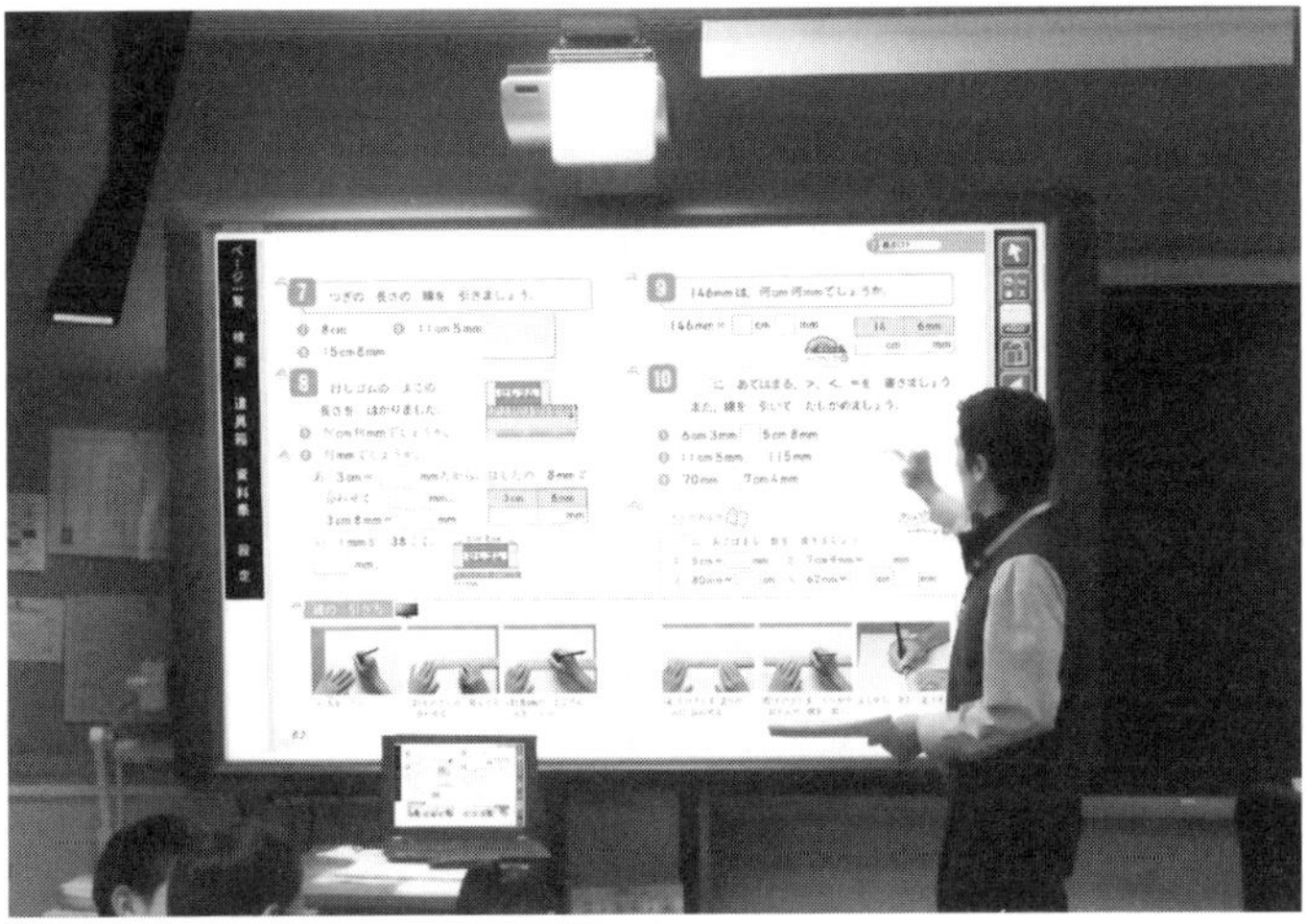

教室のレイアウト

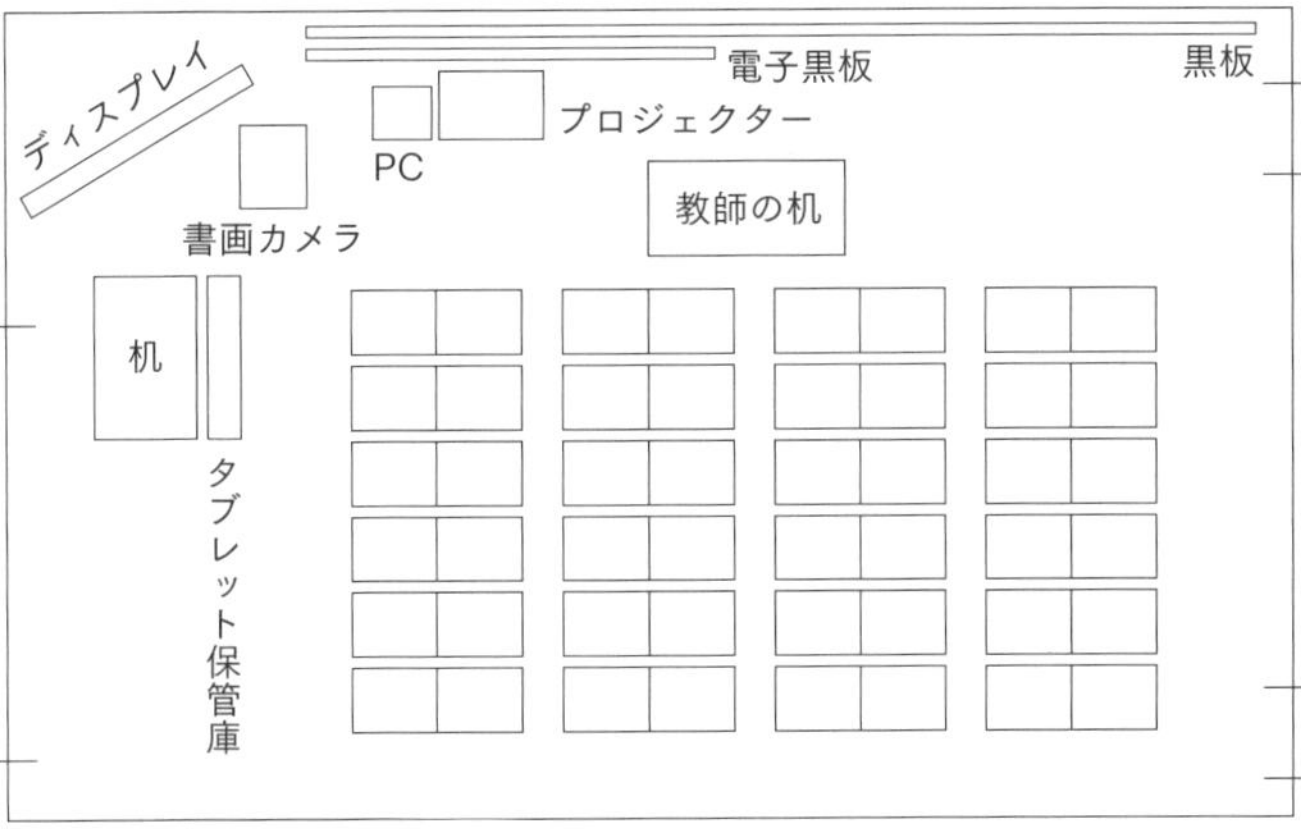

関連機器は教室の窓側前方にまとめた。授業は前方の電子黒板、児童の発表等は左上の書画カメラで行う。

実践研究を進めるうえでの手法

これまで述べてきた状況のもと、私は以下の四点を研究手法として設定しました。

1　小学校一年生からタブレット端末を導入する。

2　タブレット端末を活用した「国語」「算数」「総合」の授業を行う。

3　文房具として一人一台のタブレット端末を使う。

4　タブレット端末活用に関する保護者の意識調査を行う。

詳しくは後述しますが、このようにして国語、算数、総合などの基礎基本的学習内容の習得にタブレット端末を一年生から自分の担任するクラスに導入しました。

その結果、タブレット端末を文房具の一つとして日常的に使うことで、児童はそれらＩＣＴ機器を思い通りに使いこなせるようになるのはもちろん、なによりも「楽しい」気持ちで学習に取り組めることがわかりました。

教師から求めなくても、児童は積極的にタブレット端末に触れ、お互いに意見を交換し合ったり操作について教え合ったりしながら、協働学習のなかで大きな成長を遂げていく様子が見て取れたのです。

次項から、いかに児童が成長していったかについて、それぞれのレベルごとの授業を追いながら細かく見ていきましょう。

なお、活用レベルでグループ分けしてありますので、実践を行った授業の順番通りではないことをお断りしておきます。

レベル1　基本的スキルの獲得

はじめてタブレット端末に触れる児童もいるため、まずは、その基本的な扱い方、使用上のルールやマナーを教えることからスタートしました。

そのうえで、徐々に簡単なアプリを使って創造的な作業をしたり、計算や漢字などの反復練習を行ったりするなど、身近な文房具として使いこなしていきました。

　一年生の二学期から二年生の二学期まで、断続的にレベル1の授業を行っています。

【第1回授業　国語「タブレット端末活用の約束確認、収納方法、電源等基本操作」】

　本授業の狙いは、新しい文房具としてタブレット端末を導入することを伝え、その使用上のルールを理解してもらうことにあります。

　冒頭で、新しい文房具として、一人に一台ずつタブレット端末を導入することを伝えました。そして、タブレット端末を学校で使っていくには約束事があり、それを守ることが大切であることを説明しました。四〇分の授業のうち、二五分程度をこの話に費《つい》やしています。

　とくに強調したのは以下の点です。

- タブレット端末は新しい文房具であること。
- 約束を守ること。
- 授業で先生と一緒に使うこと。
- 大切に使うこと。

●タブレット端末によって楽しく自由にできることが増えること。

続いて、タブレット端末を保管庫から取り出す方法を説明し、出席番号で区切りながら一人ひとりに配布しました。そして、電源の入れ方からロックを解除するところまでを指導。最後に片づけについて説明し、出席番号で区切りながら保管庫にタブレット端末を返却してもらい、授業を終えました。

なお、この日を境にタブレット端末を教室に常備しておくことも伝えています。

【第2回授業　総合「カメラ撮影方法、写真の見方」】

前回の授業で学んだルールを踏まえながら、タブレット端末に標準装備されているカメラ機能を使用し、写真の撮影・閲覧・削除を経験してもらいました。

私がタブレット端末内蔵カメラの使い方、実際の撮影方法、撮影した写真の閲覧と削除の方法について説明すると、児童は慣れた手つきで友だち同士、楽しそうに撮影を始めました。

撮影についてはほとんど全員が難なくこなし、閲覧や削除についても友だち同士で教え合うなどして、身につけていきました。

なお、タブレット端末の取り出しや収納で混乱が起きないよう、クラスを三分の一ずつに分け、一二名ずつ行う方法をとりましたが、まだ慣れていないこともあって、出し入れに約二〇分の時間を要しました（以後その時間は短縮されていきました）。

【第3回授業　算数「かずしらべ」】

前回の授業で習得したカメラ機能を使用しつつ、「数の多い・少ない」を学ぶ算数の授業を行いました。

あらかじめ私が六種類の動物の絵を用意し、児童の机をすべて端に移動させてできた床スペースに並べました。そのうえで、児童に、タブレット端末を使って自分の一番好きな動物の絵を撮影してもらいました。

そして、タブレット端末に撮影した写真を表示し、全員で一覧できるように床に並べさせました。

この時点で、写真撮影に関する前回の授業の復習が行われていることになります。

さらに、床に並んだ児童たちのタブレット端末を、表示された動物の種類ごとに並べ替え、合計の数を調べさせ、最後に、クラスで一番人気のある動物を全員で確認しました。

「かずしらべ」[25]という、身の回りのいろいろなものの数を調べ、どの数が多いか少ないかという算数の授業に生かしたわけです。

写真撮影機能を用いるのは二回目でしたが、この授業の段階で、児童全員が戸惑うことなく操作し、タブレット端末は文房具のように機能し始めました。

また、自分の撮影した作品を友だちに見せたいという欲求から、学習に対して積極的になる子どもが多く見られました。

【第４回授業　算数「足し算」】

一位数と一位数を足して和が一一以上になるときの、「繰り上がり」加法[26]を理解してもらうために、タブレット端末を活用して楽しい授業を目指しました。

一人ひとりが自分のタブレット端末の黒板アプリ(27)を開き、自由に足し算の式を書き込んでもらいました。そのうえで、ほかの子どもが作った計算式を、与えられた時間内にどれだけ解けるかを競ってもらいました。

方法としては、出席番号が奇数のグループと偶数のグループに分かれ、一方のグループは座って自分のタブレット端末を掲げて計算式を見せ、もう一方のグループが移動しながらそれを眺めて解いていくというやり方をとりました。

黒板アプリには、計算式に使う文字だけでなく、絵などを描いて独自の表現を行う児童も見られました。児童が主体的に考えて、黒板アプリの活用の幅を広げていったのです。

こうした自由な発想は、次回以降の授業でも取り上げることとなりました。

【第5回授業　国語「絵を描く」】

この授業の前に行った通常の国語の授業で、教科書の「えにっきを書こう」を学習し、絵日記用の文章を各自用意しておきました。そして、当日はその文章にあった絵をタブレット端末に描いてもらいました。前回の授業でも使用した黒板アプリに、スタイラスペン

おばけ
かぼちゃ

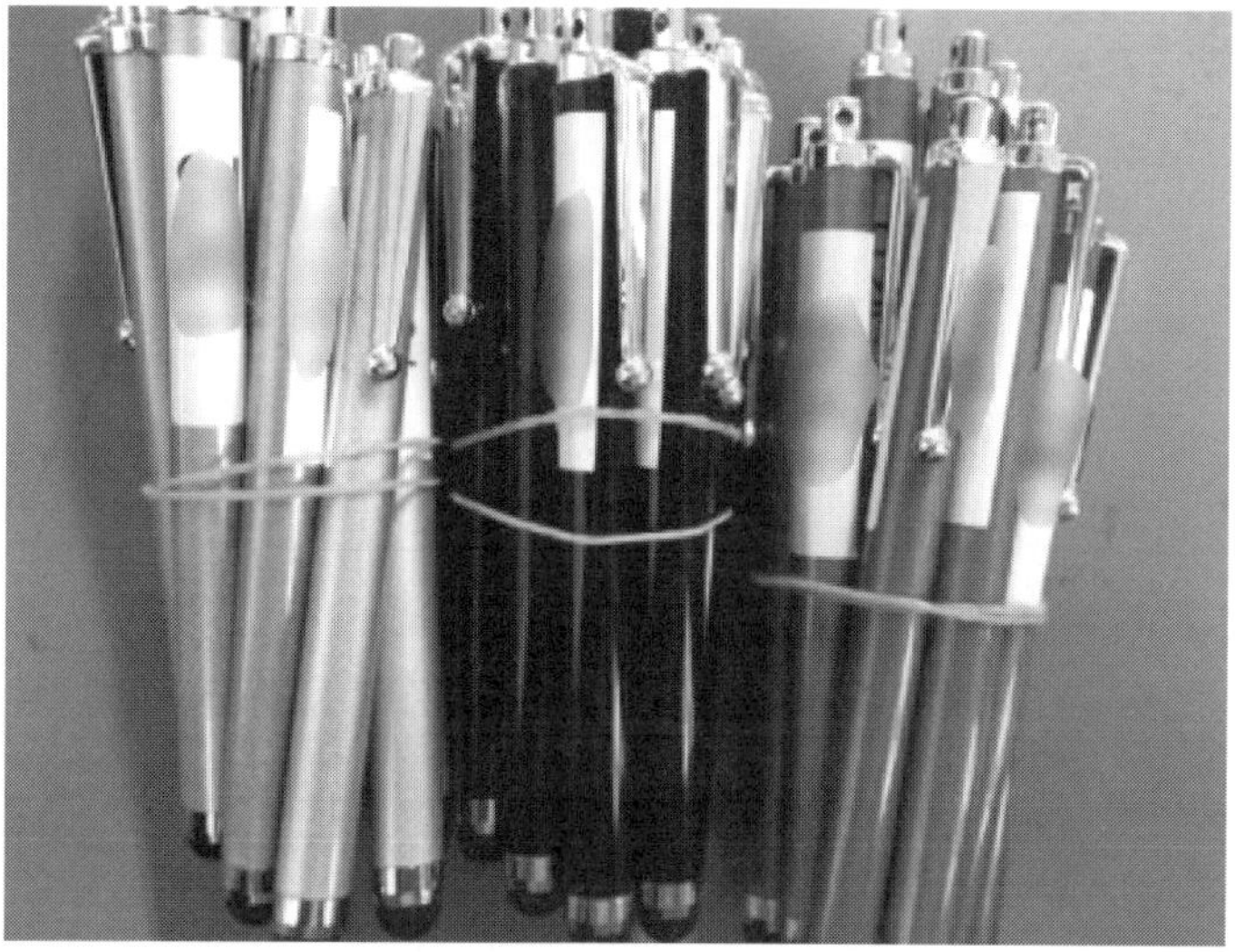

で絵を描くのですが、途中ストレスがかかる場面もあるようでした。たとえば、画面が小さいことや、手のひらが画面に触れてしまったり、ペンが思い通りに動かせなかったりなどの意見が児童から出ました。

この授業を通しては、順序を押さえて簡単な文章を書くこと、それに結びついた絵をタブレット端末を使って描き、絵日記としてまとめることを学びました。

児童にとっては、クレヨンや色鉛筆、紙を用いなくても絵が描けるという体験は、意外性に満ちたものになったようです。

【第6・7回授業　国語「自由画」「写真の取り込み」】

これら授業では、タブレット端末に標準装備されているお絵描きアプリ「ASUSアーティスト」(28)を使いこなすことを主眼に置きました。

お絵描きアプリは、前回までの授業で用いた黒板アプリよりも使える色が多く、またスタンプ機能やブラシ機能もあり、より「絵を描くこと」に創造性が引き出されます。また、撮影した写真を取り込んでの編集や加工も可能です。

6回目の授業では、ASUSアーティストの使い方をあえてすべて説明することなく、

たのしいね
2013.10.25

児童が自由にタブレット端末に触りながら自分たちで使い方を発見してもらうようにしました。その際、発見した機能を教え合ってもいいこととしました。

描く絵の題材は自由で、いい作品ができたら教員に見せてほしいと伝えておき、児童の完成作品は私が保存しました。

お絵描きアプリについては、前回までの黒板アプリと比較して使いにくいと感じている様子は見られず、さまざまな機能を発見したり、友だち同士で教え合ったりする楽しさも体感しているようでした。

7回目の授業では、ＡＳＵＳアーティストをさらに使いこなすことを目指しました。タブレット端末で写真を撮影し、それをＡＳＵＳアーティストに取り込み、加工することを学んでもらいました。

写真撮影自体にはあまり時間をかけずに、取り込みや編集作業を主に行ってもらうために、写真テーマは「秋」と絞《しぼ》り、イチョウの葉、栗などの素材をあらかじめ用意しておきました。

児童はすでに写真撮影には慣れており、スタンプの配置や大きさなども考慮しながら撮影を行いました。また、写真の取り込みもスムーズにできていました。

この頃になると、児童同士の学び合いも活発になり、時間が過ぎてもタブレット端末を手放そうとしない児童も散見されました。

【第8・9回目授業　算数「計算ドリル1」「計算ドリル2」】

これら二コマの授業は一一月に行われており、一年生の算数で学習した一位数同士の加法と、簡単な二位数の加法の復習を兼ねました。

通常の授業ではあまり楽しいと感じられない内容になりがちなので、タブレット端末上で動作するアプリを使うことで楽しくそれができることを狙いとしました。

8回目の授業で使用したアプリは「はんぷく計算ドリルたし算」(29)。これを用いて、ひたすら問題を解く反復練習を行いました。

このアプリの足し算は難易度が六段階に分かれ、それぞれ五問ずつ用意されています。一問二〇点とし、五問正解で一〇〇点が取れると「大変良くできました」のスタンプがもらえます。また、解答までの時間の記録も残されます。

すべての段階で一〇〇点が取れた児童には、次には「一〇秒以内に五問正解できるように」という時間制限を設けチャレンジしてもらいました。

こうして計算のスピードを競わせると、ゲーム感覚で計算に取り組む児童もいる一方で、ゆっくり確実に計算しようとする児童もおり、その姿勢の違いが明確になりました。また、暗算ができる児童と、指を折り曲げながら計算する児童というように、計算力に差も見られました。

9回目の授業で使用したアプリは「けいさんがんばれ」(30)というものです。このアプリは問題をクリアするごとにバッジがもらえる仕組みになっており、児童にはとても人気が高く、集中して取り組むことができるようでした。

平均的なバッジの取得量は一人一〇〇個ほどで、最も多い児童で二五七個となりました。

いずれにしても、タブレット端末を使うことで、単調な反復練習が楽しいものとなり、意欲を持続させることが可能になったようです。

【第15・16回授業　国語「お話作り1」「お話作り2」】

これら授業では、音声アプリを使いこなし、身の回りにある音を探したり、それをデジタル情報として録音したり取捨選択し、友だち同士でアイデアを交流させて想像力を広げさせることを狙いました。

具体的には、児童に身の回りにあるさまざまな音を録音してもらい、その音について簡単な説明文をつけてもらいました。

15回目・16回目ともに、前半二〇分は国語の教科書にある「音をさがしておはなしづくり」（国語の教科書52ページ）という単元《たんげん》について指導し、後半二〇分で「ＰＣＭ録音」(31)のアプリを活用した学習を行いました。

児童には、以下の手順で授業を進めることを伝えました。

1 「音さがし」をする。

2 場所は、教室テラスや校内遊園地を使ってよいこととする。

3 走る音、物が落ちる音、ブロックを崩す音、黒板にチョークで書くときに出る音など、いろいろな音を録音してよい。

4 前半二〇分の授業のノートの板書が終わった時点で私にそれを見せる。

5 ノートの評価が終わったら、タブレット端末を持って音を探し録音する。

6 録音した音について、言葉にして物語を作る。

15回目の授業の段階で、児童は録音アプリの使い方は習得し、録音することはできました。しかし、雑音も入っていたり、音が小さくて聞こえにくかったりといった不具合も起きました。

そこで、16回目にはヘッドフォンやスピーカーを用意し、より精度の高い活動ができるようにしました。

これら授業では、お互いが録音してきた音について友だち同士で話し合い、想像を広げることができたようです。

【第17・18回授業　国語「漢字の書き方」「漢字の読み方」】

これら二コマの授業では、一年生で学ぶ八〇個の漢字の書き順や読み方を確実に身につけることを目指しました。

17回目の授業では、前半の二〇分は通常の授業を行い、復習プリントで漢字の学習を行いました。

その後の二〇分で、「はんぷく学習シリーズ　小学生手書き漢字ドリル1006」(32)というアプリを使い、反復練習を行いました。タブレット端末に指を使って漢字を書き込むときに、筆順もチェックされるアプリであり、児童はゲーム感覚で楽しみながら集中することができていました。

18回目の授業では、やはり前半二〇分は通常の授業を行い、後半二〇分をタブレット端末を用いた授業としました。ここでは「小学一年生漢字読み練習」(33)というアプリを使いました。

このアプリは、読み方を学べるだけでなく書き順もチェックできます。しかも「はみ出し判定」が厳しく設定されており、雑に書くと不正解となってしまうために、ゆっくりと丁寧《ていねい》に正しい漢字を書く練習ができます。

小学校一年生で覚える漢字は合計八〇個ありますが、それらを正しく読み書きするための反復練習には、タブレット端末の活用は非常に効果があるようでした。

なお、教師がその場で見ていないとわからない書き順は、クラス全員に丁寧に指導することが難しいため、アプリによる個別学習の効果は高いものの、アプリの認識に誤りなどがある点が課題となっています。

【第19・20回授業　算数「時間と時こく1」「時間と時こく2」】

19回目の授業を行う時点で、児童は二年生となっています。

この二コマでは、時間と時刻の違いを理解し、区別して用いることや、時刻の「時・分」の読み方を繰り返し学び定着させることを目的としました。

19回目は、前半の二〇分は通常の算数の授業を行い、後半二〇分でタブレット端末を利用しました。そこでは、「くまどけい」(34)というアプリで、表示された時計の時刻を読み取る練習を行いました。

このアプリには、数字で表示された時刻に対して指を使って長針・短針を動かし時刻を合わせるモードと、時計の画像を読み込んで正解の時刻を四つの選択肢から選ぶモードがあり、児童は自分のペースでそれを使い分けながら学ぶことができました。

20回目も同様に、前半の二〇分は通常の算数の授業を行い、後半二〇分でタブレット端末を用いました。使用したアプリは「とけいのけいさん」(35)、「はんぷく計算ドリル・時計読み」(36)の二つです。

これらアプリは、ランダムに問題が出題され、正解・不正解がその場でわかり、また操作画面も使いやすいので、児童にとって学習がスムーズに進みました。

また、アナログ時計の表示画面から、「この時計の○時間○分前」「この時計の○時間○分後」というように、時間の足し算や引き算の練習をすることができ、時刻や時間の求め方を繰り返し考え、時間の流れについて視覚的に捉えることができたようです。

二コマの授業でこうした練習を繰り返し行うなかで、児童は「それは時刻を求める問題か、時間を求める問題か」の違いに気づき、時刻は一点であり、時間は間隔を示すものだということを着実に理解していったようでした。

【第25回授業　国語「漢字練習」】

この授業は二年生の七月に行われており、二年生の一学期に学ぶ約四〇個の漢字の読み方や書き順を定着させることを狙いとしました。

前半の二〇分は通常の国語の授業を行い、後半二〇分で「はんぷく学習シリーズ　小学生手書き漢字ドリル１００６」(32)と「書き順ロボ　漢字二年生」(37)の二つのアプリを活用しました。

どちらのアプリも、指でなぞって漢字の書き順練習ができるようになっており、それまで間違った書き順で覚えてしまっていた児童も、その場で訂正を受けることで正しく学び直すことができていました。

【第26・27回授業　国語「フリック入力の練習1」「フリック入力の練習2」】

タブレット端末にはさまざまな機能がありますが、なかでも重要なのが検索機能、情報発信機能です。それら機能を使いこなすには、文字入力が必須です。

自分の考えていることや意見を文字入力して表現できるようになれば、タブレット端末活用の幅が大きく広がります。しかし、これまでの授業で児童は、タブレット端末を通して写真撮影やウェブの閲覧などのほか、スタイラスペンを使用しての書き込みは行いましたが、いわゆる文字入力は経験していません。

通常、パソコンの文字入力ではキーボードからのタッチタイピングによってローマ字入力を行いますが、タブレット端末ではフリック入力が主になります。そこで、二コマの授業を用いて、フリック入力のスキルを習得してもらいました。

実は、これら授業を行う以前に、フリック入力に関するアンケート調査を児童に対して実施しています。その結果、七割の児童が「フリック入力について知っている、もしくはタブレット端末でフリック入力をしたことがある」と答えています。

また、専科「情報科」の授業では、キーボードのローマ字入力について練習を始めている時期でもありました。

つまり、入力についてかなり慣れている児童もいるということです。それは逆に言うと児童間にフリック入力のスキルの格差が起きかねないということでもあり、クラス全員が誰一人として遅れることなく、よりスムーズにタブレット端末での文字入力を行えるようにすることが重要と考えられました。

26回目は、前半の二〇分は通常の国語の授業における漢字指導に費やし、後半二〇分でタブレット端末のフリック入力の練習を行いました。

「フリックマスター」(38)、「マイタイピング」(39)の二つのアプリを使用し、授業後にどちらのアプリがより楽しく学べたかを挙手させたところ、マイタイピングのほうが好評でした。理由としては、マイタイピングはフリックマスターより制限時間が長いことや、ランキング制をとっていて自分の順位がすぐに確認できることなどが挙げられました。

27回目も同様に、前半二〇分は通常の授業を行い、後半二〇分をフリック入力の練習にあてました。

このときに用いたアプリは「タイピングゲーム」(40)と「TYPROID」(41)。この二つのアプリで練習したうえで、時間があれば前回の「フリックマスター」「マイタイピング」も使ってよいことにしました。

これら二回の授業によって、スピードには若干の個人差はあるものの、ほぼすべての児童がフリック入力に慣れた様子でした。

まずは、自分の名前や好きなスポーツ、食べ物などを入力できるようになることを目標にしたのですが、すでに自分の名前を漢字で表示できる児童が五名いました。

自分の名前を漢字で表示するには、単純に読み方通りに入力しても該当漢字が出てくるとは限りません。そこで、友だち同士でアイデアを出し合い、漢字の別の読み方を考えてみて入力するという創造的な学習ができました。

ただし、この段階では、濁点や記号などをどう入力するかについて戸惑う児童も多く、それら課題も含め「次回の授業では、自分の名前、好きなスポーツや食べ物などを交《まじ》えながら自己紹介文を入力してみよう」と説明して、授業を終えました。

レベル2　活用スキルの獲得

レベル1の個人学習で習得した基本的なスキルを、グループ学習で展開していく段階です。写真や動画などを用いた創造的作業を、アイデアを出し合って行い、協働学習を進めました。

ウェブサイトへのアクセスについても経験しました。

レベル2の授業は、一年生の二学期末から三学期にかけて、および二年生の一学期に行っています。

【第10・11回授業　国語「グループでお話作り1」「グループでお話作り2」】

この二コマの授業は、レベル1として捉えていた第6・7回授業（82～85ページ参照）をさらに発展させていくという位置づけです。

今回は、「冬」を感じさせる素材を探し出して写真撮影し、そこに「はじめ・なか・おわり」という構成を意識したストーリーを加えていくことにしました。

児童には、以下の点を伝えておきました。

●「冬らしいもの」というテーマで、教室と校庭で自由に写真を撮影する。

●撮影した写真を素材に、三人で一つのグループとなって物語を作成する（グループは自由）。

●ASUSアーティストで、写真に絵を加えてもよいこととする。

●三人のメンバーが撮影したそれぞれ異なる画像を時系列にスクリーンに投影し、三人が三コマ漫画のように物語を発表する。

なお、発表する際には、「はじめ・なか・おわり」の構成を意識することと、「はじめます」「おわります」「ありがとうございました」と挨拶《あいさつ》の言葉を述べるように指導しました。

児童が撮影してきた素材写真には、落ち葉、自分自身がマフラーを巻いている姿、手袋などさまざまな表現が見られました。また、撮影方法も葉が落ちている木のそばに近づいたり、遊具に登って木を上から撮ったりするなど、創造的な工夫が見られました。

グループでの作品作りははじめてでしたが、お互いに自分が撮影してきた素材を見せ合い、活発に話し合いを行っていました。

これら授業で学んだことは、タブレット端末の操作はもちろんのこと、チームワークでものをつくることや、発表会の場で話の順序を考えながらわかりやすく友だちに内容を伝えることなど、やや高度な内容となりました。

【第12・13・14回授業 国語「新聞サイトの学習1」「新聞サイトの学習2」「新聞サイトの学習3」】

この三コマの授業では、児童一人ひとりにタブレット端末で写真記事を閲覧させ、自分で選択した写真に、創造的な説明文をつけてもらうことにしました。

12回目は、以下の流れで行いました。

1 はじめに教員が「朝日新聞 select for school」(42)に掲載されたある写真を電子黒板に提示する。

2 その写真について、どこで・いつ・誰が・何をしているのか・どんな様子なのかということを児童に発言させる。

3　いくつか意見が出たところで「新しく写真を選んで、それについての説明文を作ってほしい」旨《むね》を児童に伝える。

4　三人一グループとし、一グループ一台のタブレット端末で「朝日新聞 select for school」を閲覧する（あらかじめデスクトップに置かれた朝日新聞のショートカットから）。

5　そこにある写真から好きな写真を選ばせる。

6　ノートに説明文を書かせる。

7　発表を行う（情報共有）。

13回目は、グループではなく児童一人ずつが写真を選び説明文をつける個別学習としました。さらに14回目も13回目と同様の授業を行いましたが、よりレベルの高い仕上がりを求めました。

これら授業を通し、カメラ機能、お絵描きアプリの操作を児童全員が完全に習得しました。さらに、さまざまな機能を授業の目的に合わせて使いこなすことができるようになりました。

また、写真から読み取れることを自分なりに解釈し、それを伝えること、加えて、その

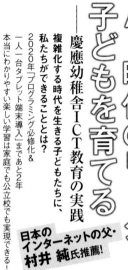

ために自分なりの創造的な長い文章を、構成を考えながら作成する能力も醸成することができました。

【第21・22回授業　国語「動画の撮影と発表1」「動画の撮影と発表2」】

国語の教科書にある「相手に伝わる文章を書こう」という単元の発展学習として、相手に伝えたいことを映像化するという試みを行いました。

そこでは、タブレット端末を用いれば映像作品が手軽に制作できることを知ってもらうと同時に、相手にきちんと伝えるには、映像であっても文章表現と同じように場面ごとに区切ってストーリーを構築しなければならないことを理解し、学んでもらうことを目指しました。

国語の教科書の「相手に伝わる文章を書こう」では、以下の四つの動きを想像して文章を書くことを教えています。

1　誰が何にどうする
2　誰が何をどうする
3　誰が何からどうする

4　誰が誰と何にどうする

そこで、まず教科書とノートを使って一通り通常の学習をし、それからタブレット端末による動画撮影に入りました。

グループに分かれ「誰が何をどうする」というテーマに合わせた撮影内容を相談し、どのような動画を撮るかを私に説明してもらいました。その説明に対し私が許可を出してから撮影に入りました。

21回目は、この撮影までで終了となりました。

22回目では、必要に応じ撮影の続きを行った後、発表会を開き、全員で動画を見直して振り返りの時間もとるようにしました。

これら授業では、グループで考えた構成案に沿って、出演者と撮影者という役割分担を行って制作するということも覚えていきました。たとえば、ある三人グループでは、「友だち同士が廊下でぶつかって転んでしまいトラブルになるものの仲直りする」というストーリーを考え、一人が撮影者となり、残りの二人が出演者をこなしました。

こうして実際に映像を作ることで、「誰が何をどうする」といった文章構成の用い方が感覚的に理解できたようでした。

また、動画内容のアイデア出し、撮影方法の工夫、自分たちが演じている姿を客観的に見ることを学びました。

さらには、自分たちのアイデアが映像作品という形になっていくことで、授業への意欲や関心が高まっていく様子が見て取れました。

【第23・24回授業　国語「パラパラ漫画作り1」「パラパラ漫画作り2」】

この二コマの授業では、国語の教科書に掲載されている「スイミー」というフィクションストーリーを題材に、ウェブベースでパラパラアニメーションを制作しました。

この物語の主人公は、スイミーという小さな魚です。スイミーは、仲間の魚たちは赤いのに自分だけ真っ黒という特異な存在です。泳ぐのは誰よりも速く、真っ黒いから強く見えるスイミーですが、ほかの仲間と同じように寂しさや悲しさも感じています。

あるとき、マグロに仲間を食べられてしまうというつらい体験をしますが、それを乗り越えながら、知恵と勇気を振り絞って、再び出会えた仲間のために考え行動し生きていきます。そんなスイミーは、子どもたちのヒーローです。

この「スイミー」を学習するカリキュラム全体の指導目標は、読書に関心を持ち、物語を楽しんで読むという態度を養うことにあります。また、文章から必要なところを書き抜いたり、内容を紹介したりといった表現活動を行うことも重要なテーマです。

児童はすでに、こうした通常の国語の授業で行う「スイミー」の学習は終えています。

そこで、今回はタブレット端末を用いて、その学習をさらに発展させることを目指しました。具体的には、「スイミー」の挿絵を参考に、ウェブサイトを用いて自分だけのオリジナル動画を作成しました。

しかも今回は、動きがある作品が作れるというタブレット端末の利点を生かし、パラパラ漫画に仕上げました。

そこには、タブレット端末の高度な操作スキル習得はもとより、自分だけのオリジナル作品を作成することで、さらにスイミーやほかの登場人物について考え、思いを深めることも狙いにありました。

個人作業でも、グループで相談しながら作成してもよいこととして、具体的テーマとして以下の五つの場面を提示しました。

1　スイミーが魚の兄弟たちと楽しく暮らしている場面。

2　恐ろしいマグロに兄弟たちを奪われ、ひとりぼっちになった場面。

3　海でさまざまな素晴らしいものと出会い、だんだんとスイミーが元気を取り戻す場面。

4　岩陰で小さな魚たちと出会い、仲間を励ましたり、知恵を絞ったりする場面。

5　みんなで大きな魚を追い出し、平和を取り戻した場面。

活用したのは、「mozlabs」（http://parapara.mozlabs.jp/）というMozilla社が開発しているウェブ上で動作するアプリケーションです。ウェブブラウザ上で、パラパラ漫画の作成・動作・保存が可能で、タブレット端末からも容易にアクセスできます。

パラパラ漫画の作成は児童たちにとって、感受性を大いに刺激する活動だったようです。また、動くものと動かないものを区別して表現するなど「思考・判断・表現」の観点から見ると、成長を促す大きな効果がありました。

たとえば、動かない岩は同じ場所に描き続け、魚や海藻には動きをつけるということを、児童は自分の頭で考えて行っていたのです。

発表の際には、画面を大きく見せるために、二人のタブレット端末をつなげて使うといった工夫をする児童もいました。

こうした成長に加え、タブレット端末を使ってウェブサイトにアクセスし、その機能を使いこなすスキルも身につけていきました。

レベル3　応用スキルの獲得

すべての児童がタブレット端末の基本的操作や、ウェブサイトへの接続などにすっかり慣れた二年生の二学期末、教育向けSNSを用いた授業を行いました。

SNSの概念や守らなければならない決まり事を学んだうえで、クラスメンバー専用のプラットホームにアクセスして情報共有したり、自分のアイデアをアップロードしたりして仲間と意見交換するといった高度な学びを実践しました。

【第28回授業　国語「自己紹介」】

レベル3と判断される授業の最初は、小・中・高をターゲットにした教育用のSNSアプリである「Edmodo」を使用し、自己紹介を行いました。

この授業から最終回までは、Edmodo のプラットホームを利用することで、クラス全員の作品を授業時間内にリアルタイムに共有し、学習をより有効なものにすることを目指します。

なお、Edmodo 内には、事前にクラスのグループページや児童一人ひとりのアカウントを作成してあります。

28回目は、Edmodo の使用方法について説明した後、タブレット端末で自分の写真を撮影し、自己紹介文を添えて投稿してもらいました。

【第29回授業　総合「秋を探してをテーマに写真投稿」】

この授業では、写真撮影とそれに合わせた文章の作成、および Edmodo への投稿を行いました。

扱うテーマは「秋」。学校内で秋を感じさせる写真を撮影し、そこに詩的な説明文を添えて Edmodo に投稿してもらいました。

ここまでで児童は全員、写真の撮影と文字のフリック入力、およびそれを Edmodo のクラスグループページにアップロードすることができました。

【第30回授業　国語「つづき落語ばなしの制作」】

前回までにマスターしたSNSのスキルをさらに向上させるべく、この授業では、国語の教科書に掲載されている「つづき落語ばなしを作ろう」を題材に、つづき落語を制作しました。

まず、通常の音読を行って内容理解を進め、実際にノートにつづき落語を書いてもらいます。そのうえで、タブレット端末を用い、そのストーリーをEdmodoにアップロードし、クラス全員で共有するという方法をとりました。

具体的には、教科書に登場する落語「けちべえさんは、さくらんぼを食べました。たねごと食べました」の続きを考えてもらいました。ただし、次の三つの展開を示し、そこから選んでつくってもらうことにしました。

1　頭から、さくらの木が生えてきて……
2　おなかの中でさくらんぼが育って……
3　落ちたさくらんぼを食べているうちに……

「それから!」「なるほど!」「ほほう!」と、その後どうなるのか楽しみで、わくわくして読みたくなるような面白いつづきを考えることを学習目標として設定しました。

また、教科書に掲載されているイラストも選択し、作品と共にアップロードしてほしいこと、一つアップロードしてまだ時間があれば、二つ以上の作品に取り組んでいいということも伝えました。

この頃にはすでに、タブレット端末扱いについては児童のほうが教員よりも詳しいくらいになっており、各自が工夫して作品を作成、アップロードすることができました。

【第31回授業　国語「つづき落語ばなし 絵本作成と返信」】

実践研究としてのタブレット端末活用授業の最終回です。

ここではEdmodoの返信機能を使い、前回の授業をさらに発展させ、児童たちの投稿をどんどんつなげて話を広げていく試みをしました。

児童には、以下のルールを伝えてあります。

- 友だちの作品に「返信」して、共同で落語制作を行ってもよい。ただし、その場合は必ず友だちの了解を得ること。
- 前に作った自分の作品に対しても、返信機能を用いてさらにつづき落語を制作してもよい。

児童は、前回の授業でつづき落語をすでに制作していますが、友だちや自分のさらなる想像力および創造力によって、どんどん話が展開していくことに大きな刺激を受けたようです。

フリック入力はもちろんのこと、Edmodoの使用にも児童はすっかり慣れ、全員が躊《ちゅう》躇《ちょ》なく作業を進めることができていました。

多角的にいくつもの作品制作にチャレンジする児童も多く、質・量ともに非常にレベルの高い授業となりました。

第 3 章

子どもたちの変化と成長

子どもたちに身についたもの

タブレット端末を授業に取り入れることを通して、小学校一・二年生の子どもたちに、身についたものは何だったのでしょうか。「学習前の自分と、学習後の自分を比べる」ことで、「深い学び」になったかどうかと、自身の変容が考察できます。また、学習途中や、学習のふりかえりなどの場面での、子どもの「自分の気づき」を検討することが重要です。

そのために、「何を学び、何が身についたのか」・「気づき」・関心・意欲・思考・技能・理解など、「授業を受けている児童の意識の変容」について、実践授業前と授業途中に、子どもたちが直接筆記する形式のアンケート調査を数回行っています。

検証のための児童へのアンケート調査は五回。

そのほかに、フリック入力に関するアンケートを児童に、実践研究としての授業を一旦《いったん》終えた後に、ふりかえるかたちで保護者向けのアンケートを行いました。

●第一回調査　タブレット端末を授業で用いる前
●第二回調査　タブレット端末の使用途中（一年二学期）
●第三回調査　タブレット端末の使用途中（一年三学期）
●第四回調査　タブレット端末の使用途中（二年一学期）
○フリック入力に関する調査（フリック入力を行う授業の前）
●第五回調査　タブレット端末の使用途中（二年二学期）
○保護者向けの調査（三年二学期）

これらの調査結果を分析すると、タブレット端末を活用した学習活動がいかに児童の成長に寄与しているかがわかります。

以下、順を追って説明していきましょう。

事前アンケートによる評価と分析

第一回調査は、実際の学習に入る四日前に、タブレット端末について児童たちがどのようなイメージを持っているかを調べました。

研究の実践内容や学習進度を間違えないようにするためには、クラス三六名の児童たちが、その時点でどの程度タブレット端末についての知識や経験を有しているかを把握《はあく》しておく必要があったからです。

具体的には、「タブレット」「スマートフォン」「アイパッド」「アイフォン」「アンドロイド」という言葉を挙げ、それぞれについて「しっている」「しらない」「つかったことがある」「つかっているひとをみたことがある」という選択肢のなかから該当するものを選んでもらいました。

その結果、スマートフォン、アイパッド、アイフォンは認知度が高く、タブレット端末

図3-1 子どもたちへの事前アンケート

1．わかるひとは、じぶんがあてはまるものに◯をつけましょう。	
タブレット	しっている・しらない・つかったことがある・ つかっているひとをみたことがある
スマートフォン	しっている・しらない・つかったことがある・ つかっているひとをみたことがある
アイパッド	しっている・しらない・つかったことがある・ つかっているひとをみたことがある
アイフォン	しっている・しらない・つかったことがある・ つかっているひとをみたことがある
アンドロイド	しっている・しらない・つかったことがある・ つかっているひとをみたことがある
つかったことがあるひとへのしつもんです。 2．それはだれのものだったのですか？	
おとうさん・おかあさん・きょうだい・ともだち・じぶん・そのほか	
3．どんなことにつかいましたか？	
しゃしんをとる・メールをみる・ ホームページをみる・ インターネットでしらべる・おんがくをきく・ゲーム・そのほか	
4．あなたがつかったことあるものをじゅぎょうでつかいたいですか。	
はい・いいえ	
5．それはなぜですか？	
6．あなたがつかったことがあるものをじゅぎょうでどのようなときにつかいたいですか。	

やアンドロイドについては認知度が低いことがわかりました。

また、使用したことがある児童に、それが誰のものであるか問うと、両親のものであるケースが多く見られました。そして、どんなことに使ったかについては、ゲームがトップで写真撮影がそれに続いています。ゲームや写真撮影を主たる目的として利用していたことがわかりました。

なお、それらの情報機器を授業で使いたいかについては、三六名中「はい」が二五名(六九パーセント)、「いいえ」が一一名(三一パーセント)となりました。

肯定した児童は、「それによって難しい勉強ができる」「スマホとかに慣れていれば大人になってからすぐ使える」「調べ物がしたい」「家で使うよりみんなで使ったほうが楽しい」といった理由を挙げました(実際の児童の回答はひらがなで書かれています)。

一方、否定的な児童は、「使い方を知らないから」「難しい」といった当然の意見のほか、「持っていることが恥ずかしい」「勉強には使わない」「大人のものだから」といった答えが返ってきました。

こうした結果を、私は以下のようにまとめ、実践授業へと入っていきました。

図3-2 事前アンケートの結果

ICT機器の認知度・経験度

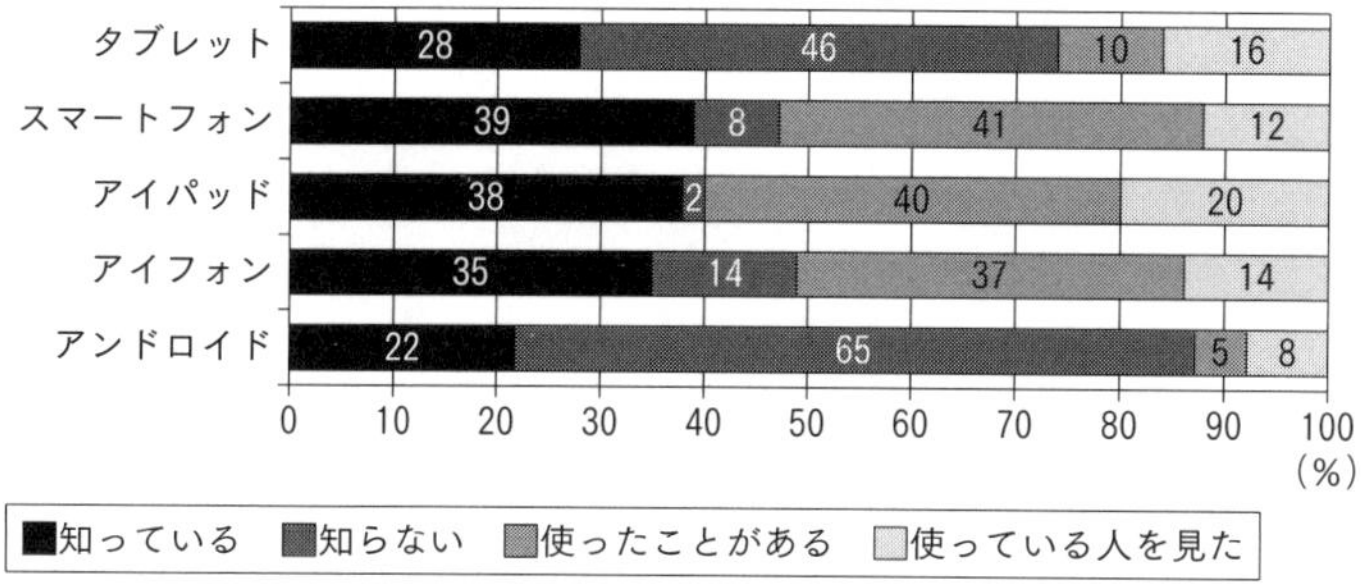

使用した機器はだれのものか

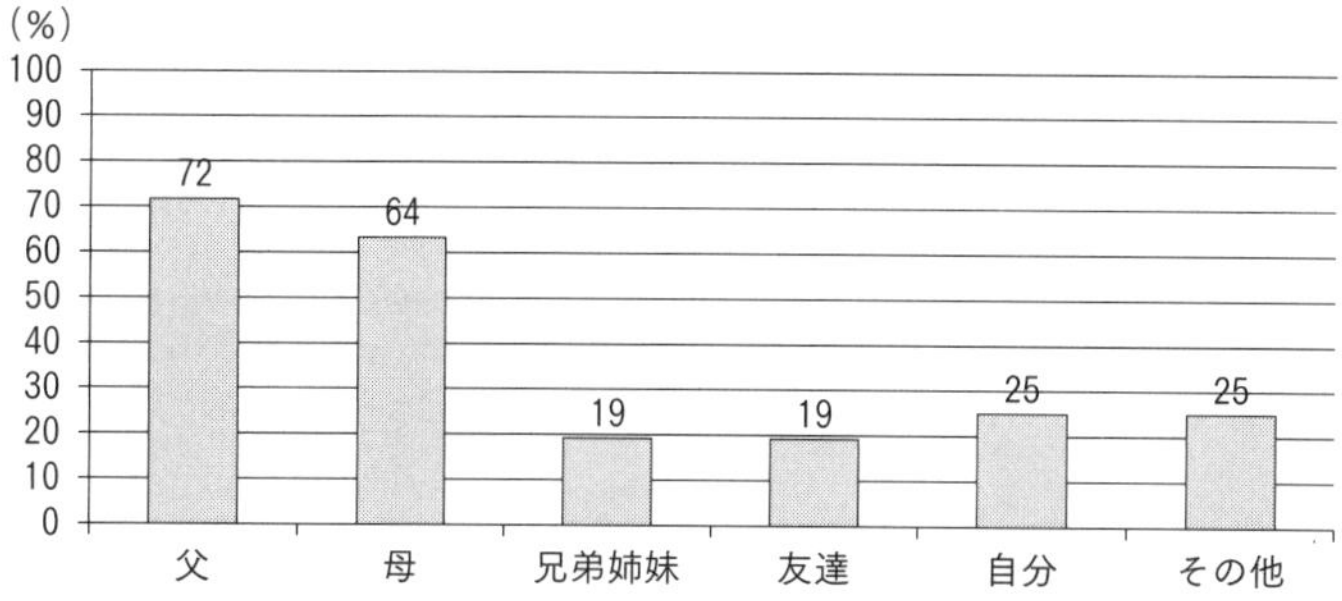

使用用途について

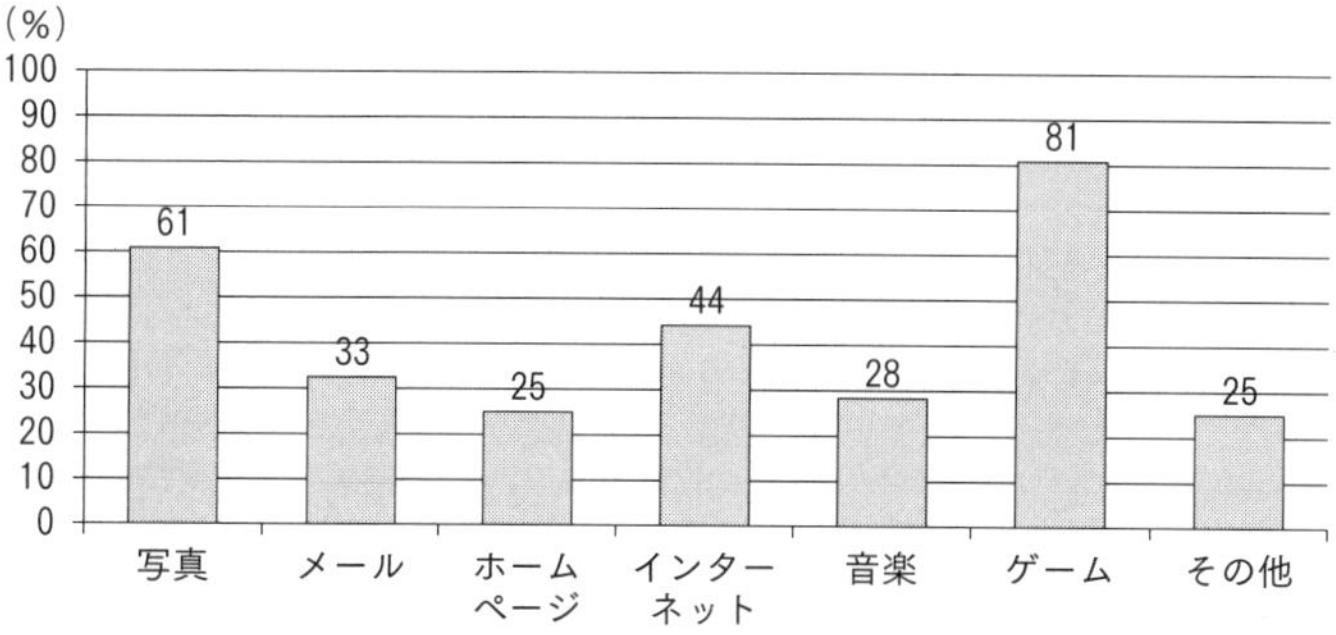

●クラスのほとんどの児童がスマホやタブレット端末を知っている（聞いたことがあるか、見たことがある）ものの、それで何ができるのかについては、あまりわかっていない児童も多い。

●「スマホ・タブレット端末＝ゲーム機」と捉えている児童が多い一方で、「スマホ・タブレット端末＝大人が使っているもの」というイメージを抱いている児童もいる。いずれにしても、自分たちの学習とタブレット端末の活用がリンクしない。

●タブレット端末を使って何ができるかについて、女子はある程度イメージできている児童が多いが、男子はゲーム機として捉えている傾向がある。

●各家庭で「大人が使うものだから触ってはいけない」という指導がなされている可能性があり、そのため、学校で使うイメージがわかなかったことも考えられる。

●学校の授業で使うことを「恥ずかしい」とした児童は、タブレット端末を単なるゲーム機として捉えている可能性がある。

途中アンケートで見えてきた変化

　タブレット端末を授業に取り入れてから三か月後、二回目の調査を行いました。この時点で一一回の授業を終えています。

　主な質問は「どの授業が楽しかったか」ということ。加えて、これからも授業にタブレット端末を使いたいか、今後どんなことをやっていきたいかなどを聞いていきました（こうした質問は、三回目以降の調査でも同様に行っています）。

　121ページのグラフにあるように、児童に人気が高かったのは「おはなしをつくろう」といった創造性の高いものよりも、反復ドリルアプリを用いての学習でした。

　自分のペースで、しかもゲーム感覚で問題を解くことができることや、外的評価が即座に判明し達成感が得られることなども影響したのかもしれません。

　特筆すべきは、第一回の事前調査で約三割の児童が否定的であった「授業でタブレット端末を用いること」について、大きな変化が見られた点です。

これからも学校の授業でタブレット端末を使いたいかどうか問うたところ、三六名全員が「はい」と回答したのです。

実際に一一回の授業で活用した経験から、学習行為とタブレット端末が自分たちのなかでリンクし、便利な新しい文房具という認識が深まったのだと思います。

これからも使いたい理由については、以下のような回答が寄せられました。

「けいさんがんばれ（アプリ名）をやって、算数がとくいになりたいから」

「タブレット端末を使ったらなんでもできるから」

「また、けいさんがんばれをやって、さんすうがとくいになりたいから」

「たのしくてタブレット端末のことがわかってみなとあそべるから」

「いろいろわかるし、たのしいし、わくわくするから」

「なぜかというとたのしいけどべんきょうになるから」

楽しいのに学習につながっているというイメージを抱く児童が多く、とくに、そのゲーム性が評価されているようです。

また、これからどんなことがしたいか問うと、音声アプリや写真撮影、メールといった具体的な回答のほか、「いろいろなことがしたい」「じぶんがすきなアプリをいれたい」「いえにもってかえって、おかあさまといっしょにけいさんをいっぱいしてみたい」など、積極的に学習活動にタブレット端末を取り入れたいと望む児童が出始めました。

こうした調査結果から、タブレット端末を活用した学習が児童に受け入れられたことがわかりました。

「共有」する授業の楽しさを知った子どもたち

第三回、第四回、第五回と続くアンケート調査も、第二回と同様に、楽しかった授業、これからも授業にタブレット端末を使うことを望むか否かといった質問を中心に児童に答えてもらいました。

それぞれの結果を見ると、あまり複雑な作業を要するものよりも、漢字アプリなどわかりやすいものが歓迎される傾向にありました。

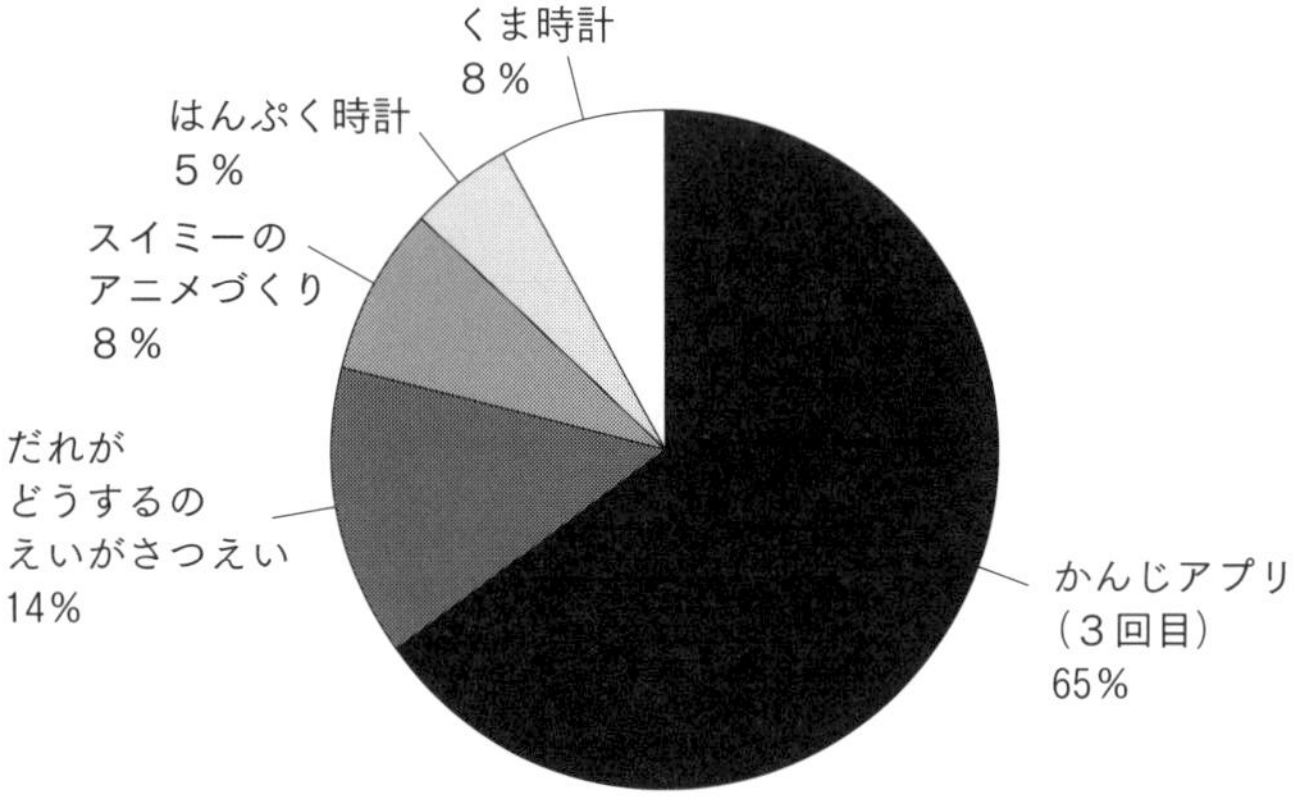
くま時計
8％
はんぷく時計
5％
スイミーの
アニメづくり
8％
だれが
どうするの
えいがさつえい
14％
かんじアプリ
（3回目）
65％

第4回

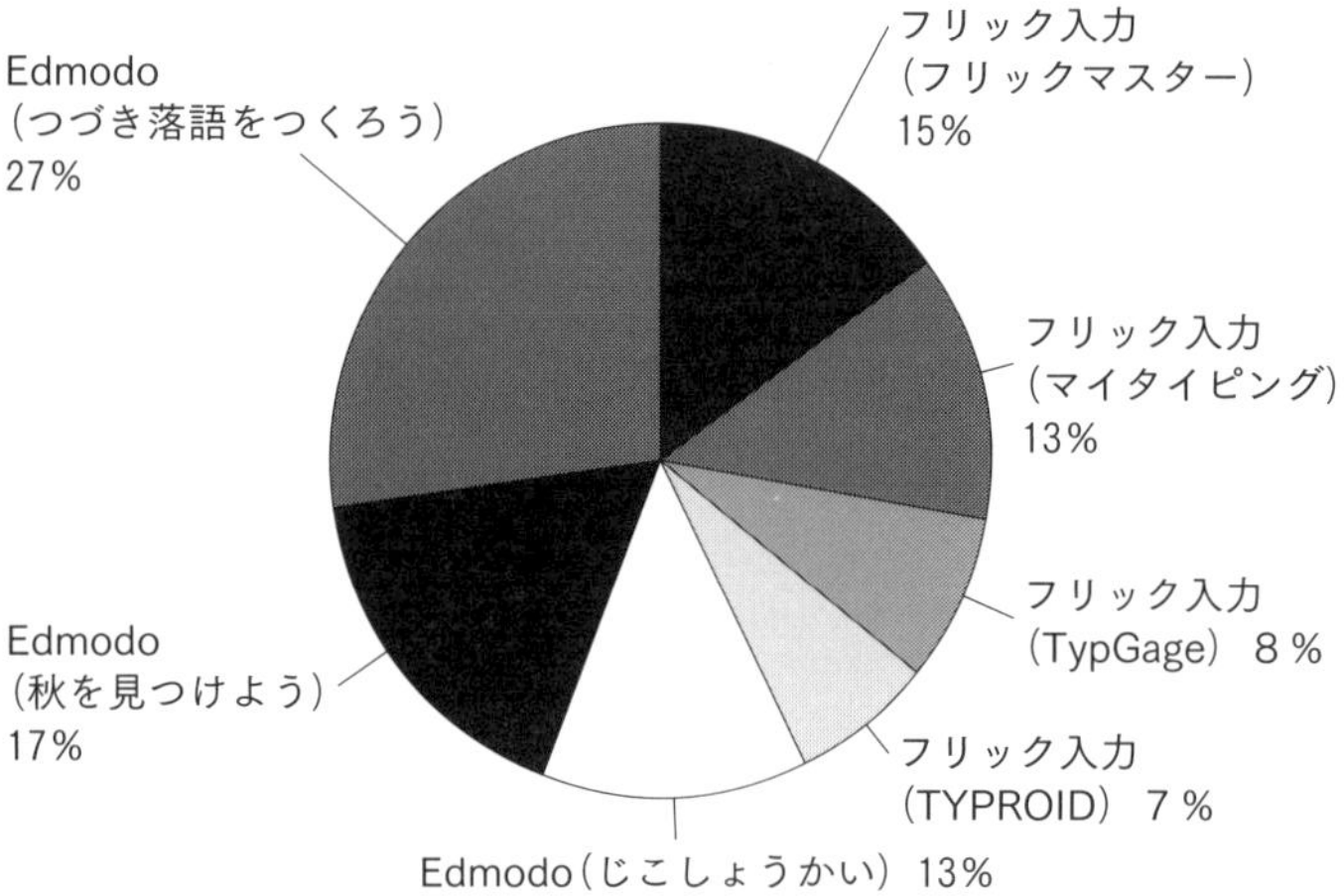
Edmodo
（つづき落語をつくろう）
27％
フリック入力
（フリックマスター）
15％
フリック入力
（マイタイピング）
13％
フリック入力
（TypGage）8％
Edmodo
（秋を見つけよう）
17％
フリック入力
（TYPROID）7％
Edmodo（じこしょうかい）13％

第5回

図3-3 授業アンケートの結果「たのしかったじゅぎょう」

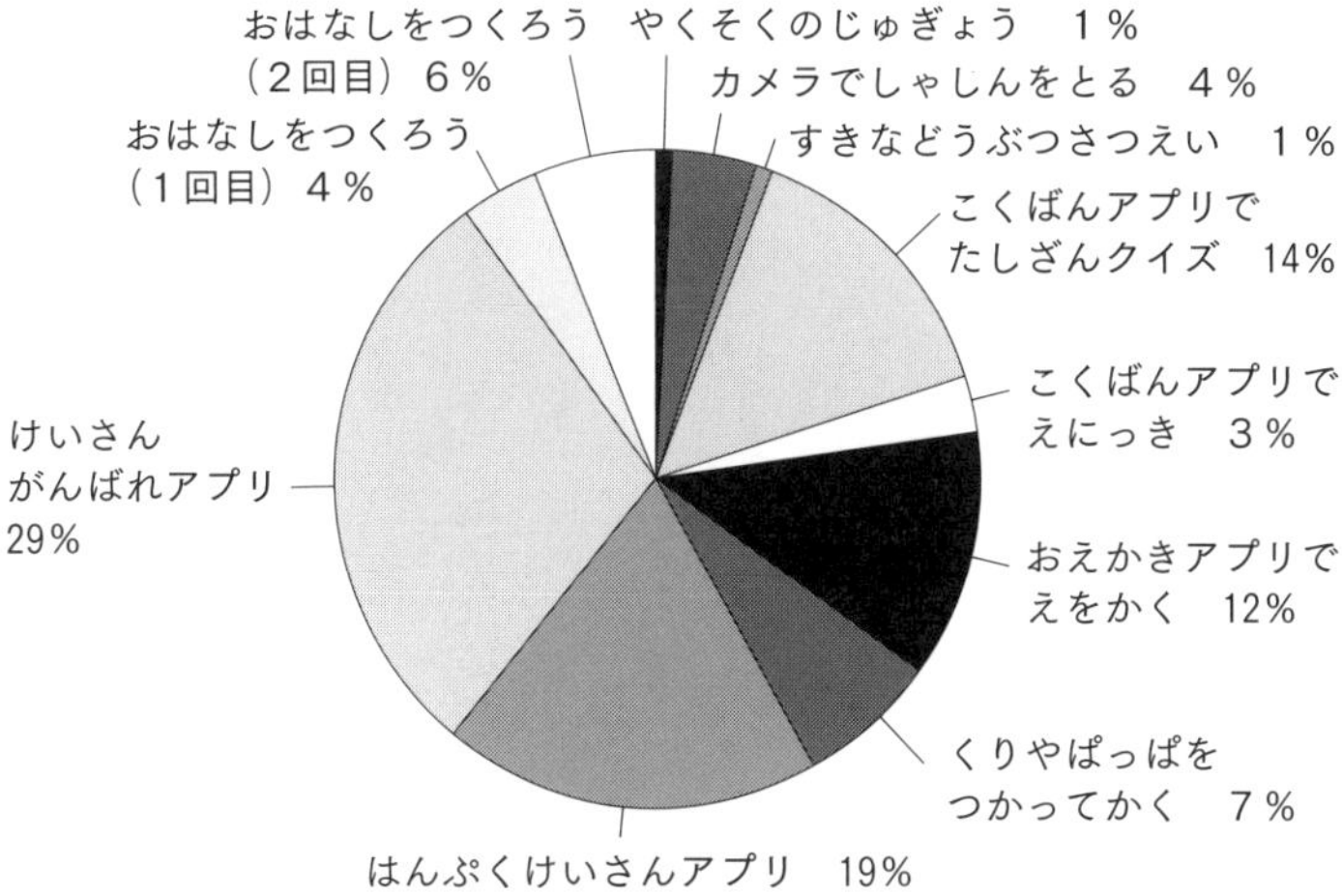

第２回
（2013年９月13日実施）

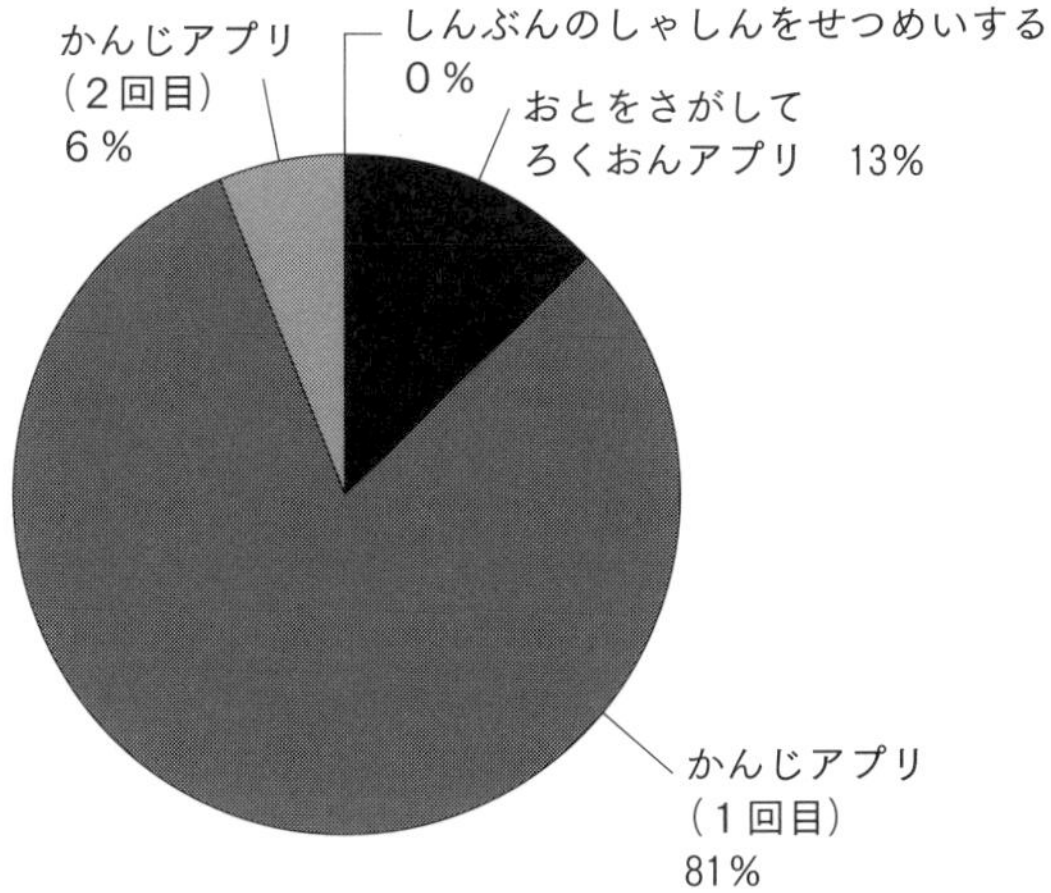

第３回
（2013年12月17日実施）

第三回の調査では、漢字アプリに人気が集中しました。音を探して録音する活動が意外に支持されなかった理由は、雑音を拾ってしまって録音した音声が再生時に聞こえにくく、自分が思ったような仕上がりにならなかったことが原因と考えられます。新聞の写真に説明文をつける作業は、内容がやや高度で難しいと感じる児童が多かったようです。

第四回の調査でも、漢字ドリルの人気は変わらないものの、「スイミー」のパラパラ漫画を作成するような創造的活動を喜ぶ児童も増えてきています。

第五回では、選択肢がフリック入力系とEdmodo系に絞られたこともあって、どの授業もバランス良く支持されました。

なかでも、Edmodoを今後の授業でも用いていきたいと希望している児童がクラスの半数を超えていることは注目に値します。個人でアプリを操作したり、ドリルで反復学習を行ったりするだけではなく、クラスで情報共有する協働学習というスタイルを、新しくて楽しいものだと児童が認識し始めていることがわかります。

変化と成長

毎回なされた「これからもタブレット端末を授業で使いたいか」という質問には、三回目の調査から、一人が「どちらとも言えない」と答えるようになりました。この児童は五回目まで一貫して同様の回答をしています。普段からタブレット端末を比較的自由に扱える環境にあることと、高いスキルを保持していることから、学校の授業でタブレット端末を活用することは、「どちらでも構わない」と回答したものと受け取れました。

また、四回目・五回目では一人の児童が「いいえ」と答えるようになりました。この児童は、タブレット端末の画面を見つめることで視力が低下するのではないかと心配しているようでした。

また、「タブレット端末じゅぎょうではどんなことをしたいですか？」という質問も毎回なされましたが、この返答には子どもたちの大きな成長の証が見て取れました。

導入前の第一回調査では漠然《ばくぜん》と教科名が上がるだけでしたが、回数を重ねるにつれて、具体的になっていきました。それも、最初は使用したいアプリについてであったのが、だんだんと「自分たちでアプリをつくりたい」「クラスのブログを作りたい」「先生とメッセージ動画をやりとりしたい」などと、より創造的なものが増えてきました。

これらの答えは、「タブレット端末を使うとなにができるか」ということを理解していなければ出てこないはずで、児童たちはタブレット端末やそれを用いたインターネット環境でどんなことが可能になっているか、その概要をつかみ始めたと評価できます。

さらに、タブレット端末を家に持ち帰りたいという回答がたびたび見られるようになったのは、家でも使える文房具としての認識が深まったためでしょう。

なお、三回目からは「難しかったこと」や「できるようになったこと」も聞いています。

難しかったこととしては、途中で意図せずに広告アイコンなどに触れてしまって「変な画面が出てくる」ことや、操作ミスで画面が前のものに戻ってしまうということに戸惑う児童が多く見られました。

また、フリック入力が難しいという児童もいましたが、これらの悩みは、回数を重ねて

図3-4 授業でタブレット端末を使いたいかの意識調査

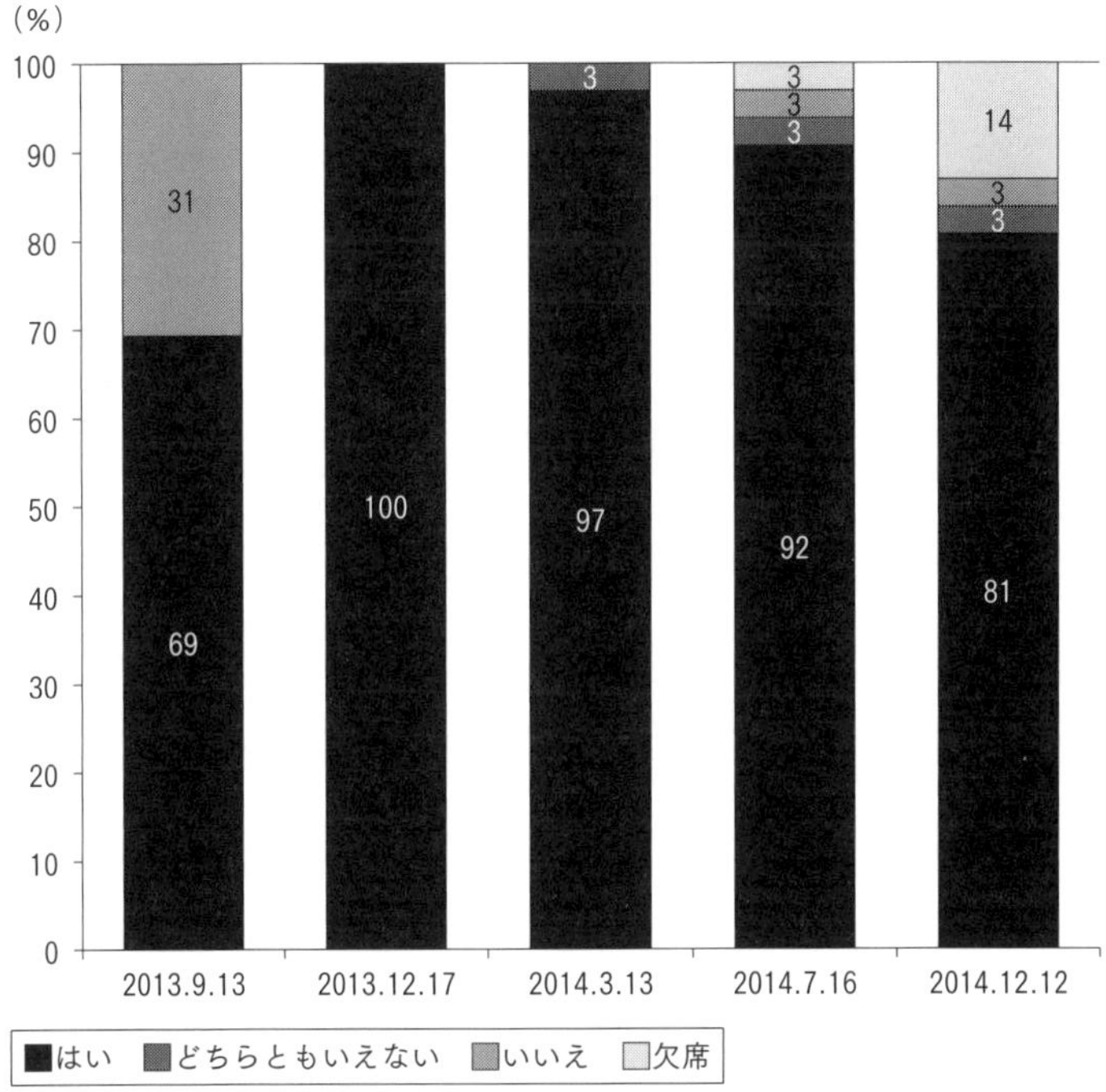

授業の回を重ねるごとに、児童たちの意識も変化していった。

操作に慣れることで解消されていきました。実際に、できるようになったことについての質問に「フリック入力ができるようになった」「入力が早く行えるようになった」など、入力に関する意見が非常に多く見られました。

要するに、「難しい」「これができない」と認識することで、その問題の解決策を探ろうという能動的に対応する姿勢が生まれており、そうした認識を持つだけでも大きな成長と言えるでしょう。

子どもたちが獲得したスキル

先進的試みとしての三一回の授業を通し、少なくとも児童は、以下のスキルや知識を習得・獲得しました。

- タブレット端末内蔵のカメラの使い方
- 実際の写真撮影

- 撮影した写真の閲覧と削除
- 撮影した写真の取り込み、変更、加工
- 画像データの共有
- 編集、加工したデータの共有と発表
- 計算や漢字学習のためのアプリの使用
- 漢字学習アプリと漢字ドリルのメディアの併用
- ウェブサイトの閲覧
- ウェブサイト（新聞社のホームページ）を使った報道写真の説明文の作成
- ウェブサイトと国語のノートのメディアの取捨選択
- ウェブサイトを使った説明文の発表と情報共有
- 音声録音と再生
- 音声による物語創作
- 動画撮影と再生
- 動画による物語作成
- ウェブサイトでのアニメーション制作

●ウェブサイトで制作したアニメーションの発表と情報共有
●フリック入力による文字入力
●SNSサイトへの接続と閲覧
●SNSサイトへの文字と写真の投稿
●SNSと国語のノートメディアの取捨選択
●SNSを使った説明文の発表と情報共有
●SNSを使った落語制作の発表と情報共有

このようなスキルを次々と獲得していった児童からは、三一時間のカリキュラムを終えた二年生の三学期からも授業にタブレット端末を用いたいという声が圧倒的に多くあがりました。

しかも、「YouTubeの動画を作りたい」「クラスのブログを作りたい」「先生にメッセージ動画を送りたい」など、タブレット端末に限らず、インターネット環境まで含めたICTの概念を理解しての発言が見られました。

ゲーム機から文房具へ

第一回の事前アンケート調査では、アイフォンやアイパッド、スマートフォンという用語で認識しており、かつゲーム機と捉えられることが多かったタブレット端末ですが、三回の授業を終えたときには、ほとんどの児童が、いろいろなことができる便利な文房具としての認識を深めていました。

児童たちは、通常の授業で用いるノートや筆記具の重要性はわかったうえで、それらとは違った機能を持ち、違った学習素材を作り出せるタブレット端末を、なくてはならない文房具として感じているようでした。というのも、「自宅に持ち帰って学習を続けたい」と言う児童が増えていったのです。

ここで注目すべきは、児童たちはタブレット端末を持ち帰ってゲームをしたいと望んでいるのではないということです。「家で勉強するのに、タブレット端末があったほうがいい」と考えているのです。

教員、保護者を含め、こうした子どもたちの視線で学習の場でのタブレット端末活用を真剣に検討していく必要があるでしょう。

保護者の意見・感想

タブレット端末を用いた実践的研究授業を行うにあたっては、折にふれて、保護者会で担任から授業の趣旨について説明は行ってきました。『仔馬』と呼ばれる学校が発行している文集に、タブレット端末を活用した実践授業の詳細についての中間報告書も掲載しています。また、タブレット端末を用いた授業があった日は、児童から保護者にいろいろな話をしているようです。

しかし、保護者自身が学校でのタブレット端末活用について、どのような意見を持っているのか一人ひとりに直接確認したことはありません。

そこで、肯定・否定含めどのような意見や感想、期待を抱いているかを把握するために、三年生の二学期に保護者へのアンケート調査を行いました。なお、タブレット端末を用いた授業は三年生以降も続いています。

アンケートは筆記式で、提出は任意としました。その結果、二八名の児童の保護者から返答を得ました。

最初に、家庭でのタブレット端末保有率について調べました。各家庭に児童が使えるタブレット端末があるかどうか聞いたところ、回答した二八名中一〇名が「はい」と答えています。

小学校低学年であるにもかかわらず、三分の一近くが家庭でも日常的にタブレット端末に触れていることになります。

ただし、まったく自由に使わせている家庭はなく、「親と一緒に」「時間を決めて」など一定の条件を決めているようです。その内容も「調べ物をしたり、知育アプリを使ったり、反復用のノート代わりに」と、学習目的の用途が多いこともわかりました。なかには、通っている塾からタブレット端末の配布・貸与を受け、専用の教材学習にのみ使用しているケースもありました。

子どもたちが保護者に報告した内容

次に、タブレット端末を活用した授業について、児童が家庭でどのような報告をしているかについて覚えていることを記述してもらいました。その内容について、以下に一覧を掲載します。

なお、細かな文体についてはこちらで整理、手を入れたことを断っておきます。

●知育的なアプリで楽しく学んだ。タブレット端末でクラス全員とコミュニケーションをとることができて楽しかったと子どもから聞いた。

●タブレット端末を使用した日は「今日はタブレット端末を使って授業をしたんだよ」ととても楽しそうに話してくれた。コンパス、計算などをしたことが楽しかったようだ。

●算数の足し算や漢字の書き順を専用ペンで書くなどしたと聞いている。タブレット端末を使うことが新鮮で、とても楽しかったと言っている。国語の授業で習った魚の絵も描いたことを話していた記憶がある。

- 息子は授業で使用するのがはじめてだったが、すでに使いこなしている友だちも何人かいるようで、家庭でももう少し触れる機会を設けていくべきなのかなと感じた。
- 楽しかったと言っていたが、細かな内容については記憶していない。
- 算数でコンパス機能などの便利な機能を発見したのが面白かったと言っていた。
- タブレット端末で教科書を開けるアプリでの授業は、いつもよりやる気になると楽しそうに話していた。
- 校内で季節の写真をタブレット端末を使って撮り、グループでお話作りをしたと嬉しそうに話していた。
- すごく楽しみな授業で嬉しいようだった。
- タブレット端末を使用した日は「今日は使った。楽しかった」と報告してくれた。ただ、使用の進度がゆっくりに感じるとも言っていた。
- 一人一台、自分専用のタブレット端末があるということで、とても喜んでいた。私のスマホもすんなり操作したので驚いた。

●視覚的に情報が入るので、いつもの授業にはない面白さがあるとのこと。
●ゲームみたいな授業で楽しかったようだ。
●使用した日はとても楽しそうに報告してくれた。だんだん使用回数が減るのにつれて、とても残念がっていた。
●「電子教科書に指やタッチペンで文字を書いたりすることが難しかった」「写真を撮って絵を描き込む課題が面白かった」「漢字ドリルが面白かった」と言っている。
●自分から能動的に取り組んでいる様子が印象的だった。
●「計算ガンバレというソフトは、スタンプがあり楽しかった」と言っていた。
●「楽しい。タブレット端末の授業をもっとやりたい」とのこと。
●とても楽しいと授業を楽しみにしている。タブレット端末で算数の計算をするとき、自分は友だちと比べタブレット端末の操作は速いが、計算がそもそも遅いと分析していた。
●教科書を使う授業より楽しいと言っていた。
●合成写真を作ったのがとても楽しかったようで、その日は興奮して詳しい内容を話してくれた。

・「計算ガンバレでスタンプを集めるのが楽しい」とゲーム感覚で計算を楽しんでいた。

このような肯定的意見が、回答者二八名中、二二名の保護者から寄せられました。

児童たちは、家に帰って具体的なアプリ名などを挙げて、保護者にいろいろと報告したようです。そこでは、「私は○○が苦手」「もっと○○ができるようになりたい」と、自分の課題を認識して、向上心をもって積極的に取り組もうとしている様子も見て取れます。

小学校一～二年生という学齢の子どもは、学校での出来事について保護者に正直かつ素直に話す発達段階にあります。

よって、これらアンケート結果を見ると、タブレット端末を用いた授業について児童が非常に高い興味や関心、意欲を有していたことがわかります。

家庭でも見えた具体的な変化

また、子どもたちが授業でタブレット端末を用いたことで、家庭で具体的にどのような変化が起きたかを選択形式で聞いたところ、以下のような結果となりました。

●セキュリティについて考えるようになった＝保護者の観点（一一名）。
セキュリティ面を心配する保護者の姿が浮かび上がっています。

●子どもがタブレット端末を欲しがった＝児童の観点（一〇名）。
家でも自分だけのタブレット端末を使いたいという需要が児童に生まれています。

●子どもから操作を教わった＝児童・保護者相互の観点（八名）。
子どもが親に教えるという逆転現象が起きています。

●子どもが授業と同じアプリを使いたがった＝児童の観点（八名）。
家でも授業と同じ学習をしたいという意欲が示されています。

●タブレット端末を介してコミュニケーションが増えた＝児童・保護者相互の観点（二名）。

保護者と児童の間でコミュニケーション促進がなされています。

ほかにも、家庭で見られた変化について自由形式で書いてもらうと、保護者からは興味深い返答が寄せられました。

「私がスマートフォンに変えたとき、文字の打ち方を教えてもらいました」

「パソコンなどに対する苦手意識がなくなったようです」

「アルファベットを覚えたことで自分で入力して検索できるようになりました」

「わからないことを即座にタブレット端末で調べるようになりました」

「暇なときに、読書をする感覚でタブレット端末を手に取り、自分の好きなものを検索したりして遊ぶようになりました」

「パソコン操作に対して興味を持つようになり、自分から検索やペイントなどの操作をしてみるようになりました」

「子どもにとってはより身近なものになったと同時に、我々親はタブレット端末をより教育と結びつけて考えるなど、タブレット端末に対する意識が変わりました」

このように、授業でタブレット端末を活用することは、家庭でも具体的な変化を起こしていることがわかります。

保護者からの貴重な意見

小学校一年生という早い段階から授業にタブレット端末を取り入れることは、保護者にとって期待も不安もあったことと思います。

児童一人ひとり違うように、保護者の考え方もそれぞれですから、アンケート調査では非常に肯定的な意見と同時に、今後の課題とすべき貴重な意見もいただきました。それは当然のことであり、そうした環境にあって、これからも試行錯誤《しこうさくご》がなされていくべきだと思います。

ただ、たとえ憂慮《ゆうりょ》している意見であっても、単純に否定しているわけではなく、小さい頃からタブレット端末に触れることへの心配や不安を提示してくれているのです。そうした指摘は、肯定的な保護者の意見のなかにも散見されました。

それら課題について、学校と家庭とが連携して教育活動を進めていくためにも、子どもたちの様子を探りながら検討していくのはとても有意義なことでしょう。

たとえば、以下のような指摘がありました。

「タブレット端末などのICT機器については、息子を見る限り将来使いこなせず苦労するのではないかという不安は一切なく、むしろそれに溺《おぼ》れてしまうのではという不安があるため、家では一切使用させておりません。引き続き変わらない頻度でタブレット端末を使用した学習をしていただけると、ほどよく利便性が学べていいと思います」

「タブレット端末に関しては目への影響や、情報が断続的に入る（教科書やノートのほうが、あのあたりに書いてあったと記憶しやすい）ことなどの点を心配しているので、現状の書くことを中心とした授業に満足しています。発表などはタブレット端末がいいと思いますが、各人の学習には抵抗があります」

「過度にタブレット端末に頼らないお考えを心強く思っております。今まで同様、世の中の流行に振り回されず授業をお進めください。IT機器による教育は功罪両面ありますが、二一世紀型スキルの柱とも言うべき思考の方法を育むソフトは少ない印象があります」

「便利さだけでなく、問題点、守るべき使用方法を教えていただけたらと思います」

「いろいろ調べられて便利な反面、情報が多すぎて危険なところもあることなども教えてほしい」

「今後の生活に必要不可欠なツールとなることは明らかだと考えますが、積極的に教えなくとも、子どもは使いこなしている感があります。どちらかといえば、ネット安全教室などの教育のほうが重要な気がしています」

つまり、多くの保護者は「通常の教科書とノートを用いた授業を重視したうえで、ほどよい割合でタブレット端末を活用してほしい」と望んでいることがわかりました。

学校と家庭の連携が重要

前項で説明したように、保護者へのアンケート調査では、ネット上のトラブルに子どもたちが巻き込まれることや、情報モラルを理解できないままにタブレット端末を使っていくことへの不安が随所に見て取れました。

保護者の立場や視点に立ってみれば、すべて、もっともな指摘だと思います。

ただし、多くの保護者はスマホを中心としたタブレット端末を所有し、日常的に使っており、子どもたちは、そうした親の姿を見ています。

つまり、タブレット端末などのＩＣＴ機器やインターネットの活用について子どもたちに指導できるのは学校だけではなく、家庭教育も大きな意味を持っているのです。

情報モラルについては、学校と家庭が連携していくことが重要で、「学校の先生が言っていることと、自分の親が言っていること（もしくはやっていること）が違う」というようなことがあってはなりません。

それには、教育者や親の姿勢が問われることは言うまでもありません。教員や親が、日頃からタブレット端末の正しい使い方、マナー、モラルという重要な要素において「お手本」となることが求められます。

そういう意味でも、早い時期から学校の学習活動の場面でタブレット端末に触れることは効果的だと思われます。

反抗期を迎え始めることの多い高学年になってはじめて自分のタブレット端末を持った場合、児童はその使用目的や使用方法を親に言いたがらない可能性が考えられます。また、なかなか「親を手本にしよう」ともしないかもしれません。

しかし、小学校一年生から学校と家庭で学習に使える文房具としてタブレット端末に親しんだ子どもは、情報モラルについての指導にも素直に耳を傾けるはずです。

大人でも、インターネット上でのトラブルに巻き込まれる人は、もともと情報活用リテラシーが十分ではないケースがほとんどです。本当によくわかっている人は、安全なものと危険なものの違いをしっかり読み取れます。そういうリテラシーを身につけた大人として成長するためにも、学校と家庭が協力連携しつつ、早くからの経験が必要であると考えているのです。

大人たちの情報活用リテラシーの向上も大切

新しい知識・情報・技術が政治・経済・文化をはじめ社会のあらゆる領域での活動の基盤として飛躍的に重要性を増す社会、すなわち知識基盤社会の中での情報機器の取り扱いに関して、「大人たちが模範になろう」と考えたとき、教育者や親に必要なのは「道徳心」だけではありません。いくら、「マナーやモラルを守った使い方を子どもたちに見せたい」と願っていても、そもそもの情報機器の操作スキルや、情報活用のリテラシーがないと、それができません。

実際に、ネットワーク社会における理解と知識がないために、メールに添付された怪しいファイルを安易に開いてしまったり、知らずに危険なサイトに誘導されたりする人が後を絶ちません。しかも、自分だけの失敗に留まらず、メールをやりとりしていた人たちや親しい友人など、不特定多数に感染を広げてしまうケースも多々あるのです。

これでは、子どもたちのお手本となることは難しいといえます。

保護者へのアンケート調査では、保護者自身からのＩＣＴ機器に対する苦手意識の声もいくつかありました。

児童がタブレット端末機器を自宅に持ち帰ることで起きうるトラブルについて聞いたところ、以下のような答えが返ってきたのです。

「ネットワークの設定に自信がない」

「子どもから宿題について聞かれても、親が操作をわからないかもしれない」

「何らかのトラブルや不手際でタブレット端末を自宅で見ることができなかった場合、予習・復習ができない。もし、テストの前だったらパニックになってしまう」

「操作がわからないかもしれない。ネットワークにつながらないかもしれない」

「父親・母親ともにＩＣＴには疎《うと》いのでわからない」

こうした声は、ＩＣＴの進化のスピードを考えれば無理のないことかもしれません。日進月歩で進歩するＩＣＴ技術についていくのは、至難の業《わざ》です。実際のところ、ＩＴ関係の企業に勤めているのでもない限り、ＩＣＴ機器について自分で何かを設定することなどもほとんどないでしょう。もし、会社で使うパソコンに不具合が起きたら、専門の部署のスタッフが解決してくれるでしょう。

スマートフォンを購入したときも、窓口の担当者がいろいろサポートしてくれるから、一からすべて自分で設定してネットワーク接続を行うなど、案外、経験していません。

一方、まだ頭の柔らかい児童は、次々と活用スキルを吸収していきます。だから、「子どもたちがやっていることのほうが高度でわからない」という不安を保護者は抱いてしまうのでしょう。

しかし、ここは発想を切り替えて**「自分たちもスキルアップするチャンスだ」と考えてほしいところです**。

タブレット端末を活用した授業の継続と発展には、学校と家庭の連携が不可欠です。今後は、保護者もできれば子どもたちのタブレット端末に積極的に触れてみて、さまざまな活動に、いっしょに取り組んでみていただきたいと思います。そうしたことを繰り返すことによって、親子双方のスキルは確実にアップしていきます。

タブレット端末を「子どもがゲームに惚《ほう》けてしまう危ない存在」ではなく、**「親子ともに成長できる素晴らしい文房具」として見直してみてはどうでしょう**。

アンケートにおける保護者のコメントには、そうした前向きな姿を感じさせてくれるものもありました。

「世界でも今後、教育のなかにＩＣＴ機器を使った学習が取り入れられてくると思いますが、私はＩＴにまったくついていっておりません。学校での活動を参考に、家庭でも学ばせていただければと思っています」

「家庭で一人ではできないタブレット端末を用いたグループ学習などの活動について、子どもからの報告をとても興味深く聞いています」

なお、タブレット端末を家庭に持ち帰ることへの不安として、「破損」を挙げる保護者もいました。持ち運びの際に紛失したり、落としたり、雨に濡れたりして壊してしまうのではないかというものです。

たしかに、とくに小学校低学年では、こうした問題が起きえます。しかし、だからこそそれを大切に扱うという指導も成り立つと言えるでしょう。

保護者からの興味深い提案

保護者へのアンケートでは、タブレット端末を活用した授業について、今後の授業で取り入れるべき具体的なアイデアも提供してもらいました。教員とは違った視点での興味深い提案がいくつも寄せられました。

- 黒板では説明の難しい立体図形などの説明に活用したり、体育の時間に動画で記録することにより運動能力の向上を図ることができるとよいのではないか。また、将来的に電子黒板が導入できれば、それぞれのタブレット端末とつないで意思疎通ができたら面白い。
- 植物や季節など変化のあるものなどを記録し、自らまとめて表にするなどといった学習につながっていくことを期待する。
- 大量のデータを整理したり、分析したり、抽出したりしていく方法や、統計学的な考え方の基本を教えてもらいたい。
●インターネットを使い、グループで何か一つの課題のレポートを仕上げてはどうか。
●タブレット端末で得た知識・情報を実体験へと結びつけられるような学習を行ってはどうか。たとえば、調べたものを実際に見学したり、学んだことを実行したりしてみること。遠距離コミュニケーションが可能な点を生かし、産業の学習で学んださまざまな仕事に従事する人たちから生の意見を聞いたりするといい。
●タブレット端末内で漢字の細かな書き順や注意ポイントの確認ができたり、自宅に持ち帰り例題を数多くこなすなど復習に活用できるとよい。また、発表用に写真などを取り込んでわかりやすく活用するといったスキルが身につくことは望ましい。
●図鑑アプリなどで気になったことをその場で調べられるようにするとよい。友だち同士や親子で協力して取り組む課題の提供なども。
●タブレット端末を教科書代わりに使用するとして、宿題などもタブレット端末上でやれば履歴を後からでも見ることができる。日誌のような形で、簡単なコミュニケーションを先生ととることができれば便利だ。
●見たことも聞いたこともないものに関して、画像などで確認する。

これらの提案を見ていると、児童たちの将来やそれを支える教育に対しての保護者の真剣な思いや期待が伝わってきます。

今後、タブレット端末を活用した授業カリキュラムを継続して、さらによい授業を構築していくにあたっては、児童の一番の応援者・理解者である保護者の提案に、真摯に耳を傾け対応していく必要があるでしょう。

検証された仮説

前述したとおり、今回の実践的研究を行うにあたり、四つの仮説を立てています。それぞれについて検証しておきましょう。

●仮説1　ＩＣＴ活用を小学校一年生の段階から始めることは、ＩＣＴ利活用を学習行動の一部として定着させることに効果的である。

●検証1　小学校一年生の段階から一人一台体制のタブレット端末を導入し、活用を始めた結果、児童は楽しみながら学習活動に取り組み、学習習慣としてのタブレット端末の取り扱いに関する作法・躾の部分を獲得することができた。

タブレット端末を導入する前段階のアンケート調査により、すでにクラスの大多数（三六名中三〇名）がそれを身近なものと感じている実態からも、小学校一年生の段階から学習活動に活用していくことができる。

授業実践中のアンケートによる意識調査で「今後もタブレット端末を授業で使いたい」という児童の意向は強く、その理由として「いろいろわかるし、わくわくするから」「楽しいし勉強になるから」などの意見が寄せられたことから、タブレット端末を活用した授業が児童に受け入れられたことが明らかである。タブレット端末の導入が、学習に対する意欲や関心の向上につながっていることから本研究の仮説が検証できた。

●仮説2　ＩＣＴ活用を、国語や算数、生活科といった普通教室の普通教科の授業で組み込んで行うことは、ＩＣＴ利活用を学習行動の一部として定着させることに効果的である。

●検証２　二年間で三一時間の一連の指導計画（カリキュラム）開発と実践授業を行った結果、児童のタブレット端末活用能力の向上と、ＩＣＴ活用により、児童の学習が深い学びにつながったことが明確となった。

授業実践中のアンケートによる意識調査において、当初は「変な画面が出てしまう」「途中で画面が暗くなった」など操作でつまずく様子も見られたが、最後のアンケートではクラスの三分の二を占める児童が「難しいことはない」と回答している。このことから、授業を重ねるごとに、活動内容に対する操作面や技術面での困難さは解消されていることが明らかになった。

また、タブレット端末でできるようになったことについて、「アニメを作れるようになった」「速くフリック入力ができるようになった」「写真が投稿できるようになった」など、新しく獲得したスキルとして自ら気づくことができている。

このように、本学習活動が深い学びにつながっていることから本研究の仮説が検証できた。

●仮説３　タブレット端末を「文房具」として位置づけ、その活用能力の育成を実施することは、ICT利活用を学習行動の一部として定着させることに効果的である。

●検証3　本実証研究では、教室に一人一台体制でのタブレット端末使用環境を構築した。児童は自分が所有する文房具の一つとしてタブレット端末を認識し、自分の出席番号がついたマイタブレット端末を充電庫に自ら出し入れしたり、丁寧に扱った。また、先生の話を聞くときにはタブレット端末から手を離し先生の目を見ることなどの基本的学習習慣を身につけることができた。

　児童の意識の変容として、これからの授業でタブレット端末をどんなふうに使いたいかをたずねたアンケート調査で、活用前はただ漠然と教科名があがるだけであったものが、授業実践を経《へ》る課程で「他教科や上級学年の問題に挑戦したい」「通信をして調べ学習をしたい」など、より高度で新しいことへのチャレンジ意欲を見せる意見が増えていった。

　最終的にクラスの半分以上の児童が「タブレット端末を活用してオリジナルの作品を作りたい」と、道具としての創造的な利用方法を提案できるようになった。

　二年間の実践を経て、タブレット端末活用能力が養われ、文房具としての活用意識がより育っていることから本研究の仮説が検証できた。

●仮説4　タブレット端末を活用した学習について保護者の理解を得ることは、ICT利活用を学習行動の一部として定着させることに効果的である。
●検証4　児童の保護者を対象に、どのような意見・ニーズがあるのかをアンケートで調査した。その結果からは、本授業実践カリキュラムのタブレット端末利用頻度が適度な回数であるという同意の声や、賛同的意見が多くいただけた。また、保護者側からのタブレット端末の具体的活用案などが寄せられた。

一方で、情報モラルの指導やネット安全教育も同時並行で行うべきだという意見も多数あり、モラル面・安全面での一定のニーズがあることも明らかになった。

保護者の立場からの、タブレット端末を活用した学習活動への肯定的意見として「タブレット端末をより教育と結びつけて考えるように、我々親の意識が変わりました」「紙ベースではできないICTならではの幅広い学習を通して、楽しく自然とICTも各教科の学習も身につけることができて大変理想的です」といったものがあった。こうして、保護者の理解を獲得することができたことから本研究の仮説が検証できた。

実践授業全体を通して見えたこと

一人一台タブレット端末を活用した実践授業を行うにあたり、タブレット端末は常時教室に設置しておいたので、児童は自由に取り出せる状態にありました。

しかし、一年生の一番最初の段階で活用ルール（約束）を徹底することで、学習活動で使用する以外に勝手に持ち出してゲームアプリで遊んだりする様子は見られませんでした。

また、授業でタブレット端末を活用する場面になると、効率的に取り出す工夫を児童が主体的にするようになりました。

授業で活用するにつれ、タブレット端末の操作は、教員よりも児童のほうがはるかに詳しくなっており、教えなくても自ら工夫し、作業を進めていく様子が見られたことも大きな成果と言えるでしょう。

学習指導の主体が、教える側の教員ではなく児童のほうに移行し、教員は進行役あるいは児童とともに学ぶ学習者となる場面もありました。

小学校一年生の段階からタブレット端末を授業に活用することで、従来の教科書とノートを使った学習だけでは得られない成長を子どもたちが遂げる様子を、間近に見てきました。

多様化するグローバル社会の中で活躍できる主体的・創造的な人材を育てるために、タブレット端末を活用した学習の重要性が今後ますます高まっていくことを確信しています。

第 4 章

未来をつくる子どもたち

タブレット端末活用のその後

　ここまで述べてきたように、タブレット端末を活用した低学年における授業実践では、タブレット端末を常時教室に設置し、児童が自由に取り出せるようになっています。低学年のうちに活用ルールを徹底することで、高学年となった今も、学習で使用する以外には児童が勝手に持ち出してゲームアプリで遊んでしまうようなことは見られません。

　現在は、初期に導入していたAndroidの廉価型のタブレット端末から、可動式の充電カートに収納されたiPadへと、授業で使用するタブレット端末も第二世代に移行しています。授業開始後にタブレット端末を活用する場面になると、各自がタブレット端末を取り出す・片づけることも児童が主体的に、効率よく行うことができています。

　また、使用するタブレット端末のすべてにデジタル教科書がインストールされていて、操作は児童のほうが詳しくなっており、教員が教えなくても児童が自ら工夫し、どんどん学習を進めていく様子が見られるということも成果としてあげられます。繰り返しになりますが、学習指導の主体が教える側の教員ではなく、児童のほうが主体となり、教員は進行役あるいは児童と共に学ぶ学習者となるような授業スタイルです。

たとえば、三年生の国語の授業では、ローマ字について学習する単元があります。もちろん、普通に黒板とチョークを教員が使って授業を行い、児童はノートに板書されたものを書き写したり、練習したりといった従来からの授業スタイルでもできる内容です。

タブレット端末を使用することによって、デジタル教科書のペンツール機能を使って、ローマ字をなぞりながら何度も書いてみることができます。なぞり書きを教科書の中で「何回も」できること（デジタル情報なので、消したり書きなおしたりが繰り返し行える）で、学習を効果的に行えるのです。

なぞり書きの練習を、てきぱきと速く終わってしまう児童と、ゆっくり丁寧に行うペースの児童とでは、どうしても練習にかかる時間に差が生じます。タブレット端末のデジタル教科書ならではの進め方として、なぞり書きができる問題（クイズ）は、速く終わった児童に「応用問題」のような紙ベースの教科書には掲載されていない新たな問題を数多く練習させることができるので、とても便利です。

児童だけではなく、教員側としても便利な利用方法があります。たとえばデジタル教科書指導者用のページを教室の大型ディスプレイに表示させる利用方法があげられます。

この方法を使うことで、デジタル教科書のマーカー機能や、ペンツールを使って、児童に視覚的にわかりやすい「ローマ字五十音表」のきまりを示せます。デジタル教科書の効果的な活用法の一つです。

さらに、児童の関心・興味をより引き出すためにも、「ローマ字という呼称について」や、「ローマ字の歴史」などについて解説しているウェブページへと、すぐにネットワークのリンク機能を使って紹介できることで、学習活動を広げていく授業展開が可能となります。

ほかにも、四年生の国語の授業でいろいろな国の食生活について学ぶ『手で食べる、はしで食べる』（学校図書・国語四年生下巻 pp78-83）という説明文教材があります。児童は、まず、タブレット端末の音読機能を使って全文を聞くと同時に、音読・朗読を行います。次に、インストールされている辞書アプリを使用してわからない言葉を調べ、必要であればノートにメモします。

教員からの「手で食べるか、道具を使うかに分かれた理由を書きましょう」という投げかけに対して、子どもたちは、おのおのがタブレット端末上のデジタル教科書で、マーカー機能を利用して大事な部分にアンダーラインを引きます。また掲載されている写真との整合性についてもリンクさせるなど、素早く、どんどんと学習活動を進めていきます。あっという間に、「世界の国々では、食に対する考え方のちがい、米の形と性質のちがいから、手で食べるか、道具を使うかに分かれた」ということに気づきました。

さらに、デジタル教科書に掲載されている写真をタブレット端末の画面いっぱいに大きく表示させたうえで、メモ書きする機能を利用して自分の考えや感想を書きこむなど、どんどん主体的に学習を進めていく姿には、文房具以上の学習道具としてタブレット端末を活用している未来の授業の一端を垣間《かいま》見ることができました。

今後は、こうした授業での活用に加えて、児童が自宅にタブレット端末を持ち帰るなどして、ドリル型アプリの反復練習や授業の復習、写真や動画撮影などを宿題として課すといった、学校外での活動におけるタブレット端末の活用についても、児童や保護者と意見交換、協力しながら検討し、二一世紀にふさわしい学びのあり方を模索していく段階にきているといえるでしょう。

子どもたちを見続けてきて

小学校一年生から一人一台のタブレット端末を配布し、それを大事な文房具として活用するという試みを行ってきて感じたことは、「子どもたちのほうが進んでいる」ということであり、また、**「子どもたちを信用して大丈夫」**ということです。必ず成長してくれると信じて大丈夫だし、誤った使い方に溺れていくことはないと信じて大丈夫です。そして、子どもたちのほうが教員よりも操作の面や柔軟性の面で先を行っています。いわゆるデジタルネイティブの子どもたちなのです。

ＩＣＴの世界を正しく認識し、本来の活用法を身につけて多様性に溢れたグローバル社会で活躍する人材になってもらうためには、早くから文房具として扱う学習環境に慣れ親しみ、学習習慣として定着させることが重要だと、児童たちの変化を目《ま》の当たりにすることで再確認しました。

たとえば、水泳一つとってみても同じことがいえるでしょう。

泳げるようになるために体育の授業で水泳を教える学校は多いと思います。水に慣れるためにも歳の若い、幼い段階から水泳の授業を行っている学校が多いと思いますが、単に泳げるようになるためだけでなく、もし水の事故に遭ったときのことを考えた水泳授業となると実践例はとたんに少なくなります。水泳の授業に加えて、実際に着衣水泳（服を着たまま泳ぐ練習）や安全水泳（川や海での離岸流に対応する練習）などを経験することが実は本当に重要なことだと思います。

競泳としてより速く泳ぐ練習をすることも大切ですが、水難事故に遭ったときの練習をするのであれば、先入観のない子ども時代に学習するほうがはるかに本質的な知識や技能を得ることができます。実際に、子どもたちは、「服を着た状態で、水の浮力をどう生かしたらいいか」といったことを、驚くほどのスピードと正確さで身につけていきます。そして、また子ども時代に培《つちか》った着衣・安全水泳の経験は、大人になってもなお体と脳が感覚として覚えているものなのです。

大人になってから、安全水泳や着衣水泳を練習しようと思っても、スポーツクラブではなかなかそういった講習は行われていませんし、独学でもかなり難しいものがあるといえます。

固定観念や先入観、既成概念により完成された大人と違って、小学校の児童はすべてにおいて「超」がつくほどの急成長を見せます。それは、タブレット端末などＩＣＴ機器の扱いについても同様なのです。

急成長している子どもたち

タブレット端末を用いた授業で児童が見せた成長は、ある程度予測がついていました。というのも、筆者である自分自身が、過去に「情報」の専科教員として児童にコンピュータや情報機器の取り扱いに関する授業を行っていた経験があるからです。

慶應義塾幼稚舎で「情報」の授業の試行が始まったのは一九九八年のことです。その年に私は慶應義塾幼稚舎の講師として採用され、次年度より情報科の専任教員の任務に就きました。

当時、一年生から六年生まですべての学年に対する授業を担当していた私は、児童に「コンピュータなんてたいしたことない」と感じてもらうことを目標にしていました。

慣れていないＩＴの世界をいたずらに恐れるのではなく、「なんだ、最先端なんてこんなものか。あまり便利でもないな。もっとすごいものを自分が作ろう」と自然に考えることができる子どもに育ってほしかったからです。

情報の授業を行う教室は、もとは教員用の図書館だったスペースを改造しました。教室の正面には大型スクリーンを配置し、児童が使うモダンなデザインテーブルの上には一人一台のノートパソコンを配備しました。

テーブルは可動式の小ぶりなタイプを採用し、「ダイナミックに動く情報教室」を目指しました。授業の中での実習の時間には、児童は一人で作業に没頭してもよし、友だち同士で教え合いながら進めてもよしと自由にさせました。

とにかく、教員と児童の双方が「楽しい」と思えることに重点を置きました。授業は一年生から六年生まで各学年週一回とし、一年生から二年生は遊びを通してコンピュータに慣れ親しむことを、三年生から四年生は基礎・リテラシーの習得および情報を取得・共有・交換して発表することを、五年生から六年生は情報の取捨選択・整理をして、自分の都合に合った形に加工して効果的に活用することなどを教えていました。

手探り状態でやってきたとも言えるのですが、児童たちを見ていて驚いたのは、たとえば三年前に六年生に教えていたことを四年生に、五年生に教えていたことを三年生にやらせてもできてしまうということでした。より高度なＩＣＴスキルを身につける年代がどんどん下がっているのです。

十年以上前にそうであったように、その進化は今もなお続いているし、もちろんタブレット端末においても同様のことが言えます。

親の年代が考えているよりもはるかに、子どもたちは日々進化しています。その進化は、個々人の中でも起きているし、社会全体の中でも起きているということです。

環境整備の重要性

慶應義塾幼稚舎では、情報科の授業を行っている情報教室だけでなく、早くからすべての普通教室・専科教室に黒板とともに大型の液晶ディスプレイが設置されていました。それらは日々の授業で使われるだけでなく、テレビ朝礼というかたちでライブ放送に使われたり、児童が作成したスライドが表示されたりするなど便利に使われています。

加えて、担任教員には一人一台ずつiPadが貸与されているとともに、各教室には、書画カメラやＤＶＤプレイヤーをはじめとした情報機器がコンパクトに収められたキャビネットがあり、いつでも情報機器を接続してボタン一つで切り替えて使える状態になっています。

こうしたことから、慶應義塾幼稚舎はほかの小学校に比べ、教員のＩＣＴ利活用の機会が多くある環境と言えます。

しかし、それは日本のすべての小学校にあてはまることではありません。現在、多くの小・中・高等学校でネットワーク環境が整い、電子黒板やデジタル教科書、タブレット端末などＩＣＴ機器の導入が進んでいます。

しかし、こうした情報環境の整備も、それを生かす技術と理解、すなわち教える側のスキルと使ってみようとする気持ちがなくては、場所をとるだけのただの機材となってしまいます。それどころか、なまじ環境を整えるだけで「うちはＩＣＴを活用した教育をやっている」と思い込んでしまう危険性があります。

授業などの学習活動においては、単純にＩＣＴ機器を使ってみただけでは、教育効果が上がるわけではありません。ＩＣＴ活用の必然性や導入するまでの事前準備や工夫など、教員の授業実践力こそが教育効果に直結します。

これからの教員には、情報通信機器端末や情報ネットワークを自由自在に駆使し、学校教育全般における学習活動にテクノロジーを利活用して、効果的で将来性のある学びを実現させていく素養や能力が必要となります。

ＩＣＴ自体が子どもたちの学力向上に寄与するのではなく、**「ＩＣＴ活用が教員の授業実践力に組み込まれる」ことで、子どもたちの学力向上が図られる**のです。

教える側のＩＣＴスキル

繰り返し述べますが、いくらＩＣＴ環境を整えても、そして、子どもたちがそれを使いこなせていても、教員が上手にファシリテートできなければ授業としては成立しないでしょう。そのために教員には、十分なＩＣＴに対する理解とスキルが必要となります。

文部科学省は「教員のＩＣＴ活用指導力の基準」(43)を定めており、そのチェックリストを公開しています。チェックリストは、小学校版と中学校・高等学校版の二種類が策定され、いずれも以下の五つの大項目で構成されています。

Ａ　教材研究・指導の準備・評価などにＩＣＴを活用する能力

Ｂ　授業中にＩＣＴを活用して指導する能力

Ｃ　児童のＩＣＴ活用を指導する能力

Ｄ　情報モラルなどを指導する能力

E　校務にICTを活用する能力

これらには、それぞれ細かく一八の細目が含まれています。

いずれにしても、五つの大項目について、みなさん「もっともだ」と思うことでしょう。とくに、子どもを持つ保護者の立場からすれば、「授業中にICTを活用して指導する能力」「児童のICT活用を指導する能力」「情報モラルなどを指導する能力」は、今後、教員には必要なスキルとして求めたいところです。

しかし、教員が自分だけで完結できる「教材研究・指導の準備・評価などにICTを活用する能力」や「校務にICTを活用する能力」はなんとかなったとしても、ほかはまだまだ敷居が高いものがあります。

実際にICTを利活用して学ぼうとしている子どもたちに対し、彼らの能力をさらに伸ばそうとする理想や意欲をもって、実際に指導にあたっている学校・教員がまだまだ十分ではないのが現状なのです。

プログラミングの必修化

みなさん、すでにご存知と思いますが、二〇二〇年から「プログラミング」が小学校の必修科目となります。

プログラミングを幼い頃から学習させる必要性は世界的に認識され、多くの国が喫緊《きつきん》の課題として取り組んでいます。

たとえば、アメリカでは、二〇一三年に当時のオバマ大統領が自らプログラミング教育の必要性を訴えています。[44]また、ICT教育先進国のイギリスでは二〇一四年九月から、また、フィンランドでは二〇一六年からプログラミングが小学校の必修科目となっています。

ほかにも、大国はもちろんのこと、シンガポールやエストニアのように人口規模の小さい国でも、国策として子どもたちへのプログラミング教育を推し進めています。

これは、**ＩＴ人材の質と量こそが、その国の将来を決める**とも言えるからです。にもかかわらず、どこの国も、急速に発展するＩＴの世界に対応していけるだけの人材を有していないのが現実としてあります。

なかでも日本は深刻で、経済産業省が発表した「ＩＴ人材の最新動向と将来推計に関する調査結果」では、二〇二〇年には三六・九万人、二〇三〇年には七八・九万人のＩＴ人材が不足すると予測されています。(45)

そうした危機的状況を打破すべく、総務省は、二〇二五年までにＩＴ人材を新たに一〇〇万人育成する方針を掲げています。日本ではＩＴの専門的技術者が現在約一〇三万人いるといわれていますが、これを二〇二五年には約二〇二万人へと倍増させる目標とのことです。二〇二〇年からの小学校におけるプログラミング必修化もそうした流れの一環と言えます。

しかしながら、ずいぶんと先の長い長期的な計画のように見えます。教育現場は、なぜ二〇二〇年を待っているのでしょう。本当に子どもたちの将来を考えるなら、今すぐにでもできることから手をつけていくべきことではないでしょうか。

実際の教育現場では

実は、「二〇二〇年からプログラミング必修」とうたってはいるものの、どの科目に何時間行うかといった具体的方策が国家や省庁主導で定められているわけではありません。それらは、各学校の判断に委《ゆだ》ねられています。どこの小学校も「プログラミングといっても、いったい何をどのように教えたらよいのか」と、混乱しているのが現状です。

こうした状況にあって、実際の教育現場でどんなことが起きるかは想像に難《かた》くありません。

情報専科の教員がいる私立小学校と違って、公立小学校は原則、担任の先生がほとんどすべての教科を教えます。運動が得意ではない先生や、音楽が苦手という先生が、体育や音楽の授業を子どもたちに教えることには大変な努力が必要でしょう。しかし、ＩＴを苦手とする担任の先生が、頭の柔らかい児童にプログラミングを教えるのはその比ではありません。

自《おの》ずと「どの教員でも教えられるレベル」の名ばかりのプログラミング言語をただ伝授するような授業になるか、「先生に質問しても、わかるように答えてくれない」と児童が授業に満足感を得られない時間になるという不安が生じます。

そもそも、実際の教育現場では、小学校の校長先生・教頭先生はじめ、クラスを担任する教員の多くが「プログラミング教育で何を教えるのか」ということについて、正しい理解が浸透しているような状況にありません。プログラミング必修化について、「一人ひとりの子どもたちがＩＴ業界を目指すと限らないのに偏っていないか」、「もっと人間らしい素養を育成することこそ重要なのではないか」などと、プログラミング教育の必修化に対して戦々恐々としている現場の声を多く耳にします。

プログラミング的思考の育成

プログラミング教育が必修化されたからといって、新しく「プログラミング」という教科が作られるわけではありません。そのため、今のところ、専用の教科書もなければ、試験で評価されることもありません。プログラミング教育は、算数や理科、総合的な学習の時間など、すでにある教科の中で実践されることになっています。ですから、具体的にどの学年のどの教科・単元で、どれくらいの時間数でプログラミングを教えるのかは、各学校が判断します。

「プログラミング」と聞いて、子どもたちが難しいプログラミング言語をコンピュータに打ち込んでいくのかと想像する人も多いでしょう。必修化とはいっても、小学校のプログラミング教育は、プログラマーの育成が目的ではありません。繰り返しになりますが、小学校段階におけるプログラミング教育の目的は、プログラミング言語を覚えることや、コーディング（プログラムを書く・作ること）を学ぶことではありません。こうした表面的なコーディングのスキルを覚えるよりも、もっと本質的なこと、すなわち、コンピュータはプログラミングという言語（指示）により動いているということを理解して、それにはどんな特性があるかを体験的に学ぶ時間として位置づけています。

その結果として、**「プログラミング的思考」**を育成すべき資質・能力として目指しています。子どもたちがＩＴを効果的に活用しながら、論理的・創造的に思考して、問題や課題を発見・解決していく学習活動を通して身につける「プログラミング的思考」とは、どのような力なのでしょうか。

プログラミング的思考とは、「自分が意図する一連の活動を実現するために、どのような動きの組み合わせが必要であり、一つひとつの動きに対応した記号を、どのように組み合わせたらいいのか、記号の組み合わせをどのように改善していけば、より意図した活動に近づくのか、といったことを論理的に考えていく力」と説明することができます。

小学校では、このプログラミング的思考を体験的に身につけることが目標とされています。物事には手順があって、手順を踏むと、物事をうまく解決できるといったことを論理的に考えていく力の育成が目標として位置づけられているのです。

プログラミング的思考をもう少し平易な表現で言い換えるとすれば、たとえば、自分が意図した何か（たとえば、Aという物体をB地点からC地点に動かすこと）を実現するために、どのような動きの組み合わせが必要であるかを考え、それら一つひとつの動きに記号をつけて、どういう記号の組み合わせにすればいいか、あるいは記号の組み合わせをどう改善していけば自分の意図したところに近づくかといったことを論理的に考えていく能力ということができます。

プログラミング教育の必修化は、あくまでも「プログラミングに携わる職業を目指す子どもたちだけではなく、どのような進路を選択しどのような職業に就くとしても、これからの時代において共通に求められる力」を学ぶ時間なのです。そのことは新学習指導要領にも反映されています。小学校の学習指導要領総則には、「児童がプログラミングを体験しながら、コンピュータに意図した処理を行わせるために必要な論理的思考力を身に付けるための学習活動」を各教科等の特質に応じて計画的に実施する、と記されています。

また、プログラミングを体験しながら論理的思考力を身につけるための学習場面として、算数では、第五学年で「正多角形の作図を行う学習に関連して、正確な繰り返し作業を行う必要があり、更に一部を変えることでいろいろな正多角形を同様に考えることができる場面などで取り扱うこと」、理科では第六学年で「電気の性質や働きを利用した道具があることを捉える学習など、与えた条件に応じて動作していることを考察し、さらに条件を変えることにより、動作が変化することについて考える場面で取り扱うものとする」と例が示されています。また、総合的な学習の時間では、「プログラミングを体験することが、探究的な学習の過程に適切に位置付くようにすること」と示されています。[46]

以上のように、プログラミング教育は、優秀なプログラマーを育成することを目標にはしていないのです。あくまでも、プログラミングの授業を通じて、プログラミング的思考を養い、新しい発想のプログラムを用いた状況判断と問題解決法によって、新しい価値を作り出せる人材育成こそが重要なのです。

通常、コンピュータやタブレット端末などのＩＣＴ機器を使ったプログラミングの授業が想定されていますが、プログラミング的思考の育成を目指すうえで、実はＩＣＴ機器を使わなくてもできるプログラミングについての研究や実践が行われています。それは、コンピュータやＩＣＴ機器を使わないでも学べるプログラミング教育のことで、「アンプラグド」と呼ばれています。プログラミングに必要な考え方に触れる絵本や、ブロックでプログラミングする学習用ロボットなどの専用ツールが出ているほか、紙と鉛筆を使ったり、体を動かしたりして、「プログラミング的思考」を学ぶ手法です。たとえば、算数の授業でプログラミングの考え方の一つ「パターン（同じことのセット）」や「ループ（繰り返し）」などを使って単元の理解を深めるという、アンプラグドのプログラミング教育の事例が増えています。

後述しますが、人工知能（AI：Artificial Intelligence）の発達により、今の子どもたちはこれから先どんな世の中になるかの見通しが難しい時代を生きることになります。プログラミング的思考は、そんな社会で生き抜くために、時代を超えて普遍的に必要になる力の一つという位置づけと捉えるべきです。

また、こうした能力は、IT業界だけで求められているわけではありません。たとえば、自動車業界は、数年のうちに自動運転の車を一般発売するでしょう。コンビニエンスストアやスーパーマーケットもレジの無人化を進めていますし、飲食店の注文もタッチパネル方式が増えています。農業や漁業の現場においても、環境の計測や管理、品種改良、養殖などコンピュータをはじめとした情報技術が欠かせません。

私たちの生活に密着した産業のほとんどが、プログラミング的思考によって支えられている時代といっても過言ではありません。

かつてパソコンが一般家庭に普及し始めた頃なら、その動作原理など理解できていなくても、自分が必要とするソフトウェアをなんとか使えて「便利だな」と感じていればそれでよかったかもしれません。

しかし、ＡＩがあらゆる仕事の基幹を形成しようとしている社会で生きていくためには、プログラミングを学び、プログラミング的思考を働かせて、コンピュータの動作原理を理解できていることが大切なリテラシーの一つといえるのです。

プログラミングやコーディングについて学んだことのない教員や、保護者からすれば、「すごい時代が来たのだな」と不安と焦りが渦巻いているることかと思います。

しかし、今を生きる子どもたちにとって、そして、これから成長していく子どもたちにとっては、そんな心配は無用です。彼らは、驚くほどの柔軟さで易々とプログラミング的思考を身につけていくでしょう。

子どもたちの創造性を磨くのに、プログラミングやコンピューティングは相性がよい学習素材となりうるのです。創造力、表現力、問題解決能力を伸ばすことができるプログラミング教育が今、始まろうとしています。

AIとシンギュラリティの到来

みなさんは、人工知能（ＡＩ）という言葉を聞いたことがありますか。ＡＩは、コンピュータやロボットに、人間のような知能を持たせて、人間のようにふるまうことを目指した研究分野のことです。囲碁の世界チャンピオンにＡＩが勝ったり、大学の入学試験に合格できるレベルまで到達したりと、多くのメディアに取り上げられ話題になっています。

ＡＩの研究自体は、何十年も前から行われていました。もともとコンピュータは、人間があらかじめ動作を決めたプログラムを組んだものが開発されて、使われてきました。

一方で、最近のＡＩ研究では、インターネットや情報通信技術の発展により、収集可能となったビッグデータと呼ばれる大量のデータを元にして、コンピュータ自身が学びを進めていく機械学習と呼ばれる手法を効果的に使うことで、一気に進化の速度が速まりました。

いずれＡＩがさらに進化して、人間の能力を超える**シンギュラリティ**（Singularity、技術的特異点）が近づいていると言われていますが、人間の未来はどのような社会になるのでしょうか。

シンギュラリティとは、ＡＩの研究開発が急激な技術の成長を引き起こし、人間の文明社会に計り知れない変化をもたらすという仮説のことです。もともとは米国の数学者ヴァーナー・ヴィンジ氏と、発明者でフューチャリストのレイ・カーツワイル氏により初めて提示された概念で、レイ・カーツワイル氏は、その著書『THE SINGULARITY IS NEAR: WHEN HUMANS TRANSCEND BIOLOGY』(47)の中で、二〇四五年にＡＩが人間の能力を超える、いったん超えてしまうとＡＩは勝手にどんどん賢くなっていって人間にはまったく理解できない存在になってしまう、と述べています。そして、「そのとき」を技術的特異点と呼んでいるのです。インターネットが保有する電子データ量が今までのように指数関数的に増加していけば、二〇四五年、コンピュータの知性が全人類の知能を超越することはありうるのでしょうか。

近未来に対して、次のように分析している学者がいます。「子どもたちの六五パーセントは、大学卒業後、今は存在しない職業に就く」（キャシー・デビットソン氏［ニューヨーク市立大学大学院センター教授］）、「今後一〇～二〇年程度で、約四七パーセントの仕事が自動化される可能性が高い」（マイケル・A・オズボーン氏［オックスフォード大学准教授］）、「二〇三〇年までには、週一五時間程度働けば済むようになる」（ジョン・メイナード・ケインズ氏［経済学者］）。

つまり、シンギュラリティが近づいたとき、近未来の我々の住む世界を想像してみると、現代の職業の多くは、今後なくなる可能性があるのです。このままＡＩ研究の進展が進めば、ＡＩが人間の代わりにすべての生産的な活動をしてくれるかもしれません。そうなると、人間は好きなことをして暮らすことができます。

しかし一方で、コンピュータやロボットが真似できない職業を研究しているグループもあります。

たとえば、ＡＩに置き換わりにくい職業として小学校の先生が考えられます。児童に教える内容自体は簡単だとしても、内容がわからない児童がいた場合、図表を用いたり、動作や身ぶり、五感を使って教えたり、友だち同士で教え合うなど、さまざまな方法を使って対応しなくてはならないので、これはＡＩには難しいといえます。

このようなシンギュラリティが訪れる可能性を今のうちから真剣に考えておく必要があります。これまで人間がやっていた仕事を少しずつコンピュータが代替できるようになっていくことが現実的に起きている今、コンピュータが仕事を奪うというよりも、コンピュータによって人間の仕事が変わる、人間が仕事を変えていく、という意識が必要だと考えます。人間のすべての仕事がなくなるわけではありませんが、今の仕事の延長線上で仕事をしている人材は必要でなくなる可能性があるということを一人ひとりが意識して、どんな状況にも柔軟に対応できる知識や行動力が今後、必要となる時代がきているのではないでしょうか。

ＡＩ時代に対応できる子どもを育てる

前項で述べましたが、今、人工知能が多くのメディアに取り上げられ話題になっています。ＡＩの研究自体は、何十年も前から行われていましたが、もともと人間があらかじめプログラムを組んで開発してきたコンピュータ研究開発の分野の中で、ＡＩが最近、注目を浴びるようになってきたのには、機械学習の効果が大きいといわれています。特に、インターネット上で収集されるビッグデータの存在と、深層学習（Deep Learning）が有効だと考えられています。

機械学習とは、人間があらかじめコンピュータにすべての情報処理の仕方をプログラムしておくようなものではなく、コンピュータ自らが学習することを目指すＡＩ研究分野です。

実際、私たちの日常生活では、スマートフォンの音声対話の機能、電車や自動車のリアルタイムでの乗り換え案内や渋滞を回避する道路案内の機能、インターネットショッピングの推薦の機能、ワープロソフトの文章チェック機能、自分から充電しにいく機能がついたお掃除ロボットの利用、カメラで人の顔を認識する機能などは当たり前のことになっています。障害物を検知して自動で止まることのできる自動運転可能な自動車の開発や、ニュースの原稿記事を書くロボットなども、現実のものとして製品化が始まっています。

このように、コンピュータが次々と人間と等しい知能を持ったような動作ができることから、ＡＩが万能で、いつか人間の能力を超える時代がくるのではないかと考える人もいるでしょう。

しかし、その部分では未だ議論の余地が残されています。

現状のＡＩは、価値判断を行うことは難しく、人間が過去にやってきたこと、あるいは、限られた範囲の中での延長線上でしか未来を予測することができないと言えます。人間は、過去の失敗や実体験、歴史を検証したり反省したりすることから新たな課題を見つけ、これからの未来を切りひらいていくことができます。

このように人間には、経験にもとづいた知識や判断力、そして周りに働きかけて協力関係をつくるといった行動力など、ＡＩには超えられない部分が数多くあります。これからの未来を創造したり革新したりするには、新しい価値や、既存の枠組みの変革が必要になります。そういったことができるのは人間だけで、ＡＩが新しい価値を生み出し、社会の発展や成長を促すことは、今のところできていません。

近未来の、我々の住む世界を想像してみてください。ＡＩとどんな共存の仕方が考えられますか。みなさんも、人間にしかできない「どんな状況にも柔軟に対応できる」知識と判断力、そして行動力について考えてみる必要があるといえるでしょう。

おわりに

本書では、実践授業として四つの仮説を立てて、その検証の過程を詳細に記してきました。仮説が検証されたことにより、本実践において、タブレット端末活用能力「児童が、学習場面に応じて、自分自身でタブレット端末の使い方を考えて、タブレット端末を学校において身近に使える文房具として学習に活用できるようになる能力（意識・感覚）」を自然なかたちで養うことができたといえます。

学校教育外での、たとえば学習塾などの習いごとで、タブレット端末の導入と活用が進んでいますが、それはあくまでも制約された使い方であって、すなわちドリルとしての反復学習としての利用といえます。筆者が本書でゴールとしている、文房具としての使い方とは違うものです。だからこそ、学校教育におけるタブレット端末活用能力の育成では、児童の文房具としての使い方を進めていくことに本実践の意義があるのです。

そうした目的のもと、本書では、慶應義塾幼稚舎を実践のフィールドにして、タブレット端末活用のための適切な学習環境の構築、タブレット端末活用能力育成のための指導計画の作成と、授業の実践、そして全体カリキュラム（一連の指導計画）の質的調査と検証を行いました。

本実践により、子どもたちのタブレット端末活用能力の向上とともに、小学校低学年生でも容易に操作ができ、学習におけるタブレット端末の活用が特別なことではなく、積極的に楽しく学習に関われるツールであるという感覚の育成、そして未来の教育のカリキュラムデザインという成果を示すことができました。

子どもたち自身が、「タブレット端末を使った授業が楽しい」、「今後もタブレット端末を使った授業をしたい」と希望している点、保護者が「子どもにとってはより身近なものになったと同時に、我々親はタブレット端末をより教育と結びつけて考えるなど、タブレット端末に対する意識が変わりました」、「紙ベースではできないＩＣＴならではの幅広い学習を通して、楽しく自然とＩＣＴも各教科の学習も身につけることができていて大変理想的です」とコメントしていることも、成果の一つといえます。

三〇時間以上のタブレット端末を使った学習を経験して、児童が身につけたタブレット端末活用能力の個別スキル（基本・活用・応用のそれぞれの細かなスキル）については、既に2、3章で整理しています。児童は、授業実践において学習経験を重ねるごとにタブレット端末を文房具（ツール）の一つとして活用しはじめ、さまざまなスキルや知識を身につけることができた結果といえるでしょう。

以上、ここまで述べてきたように、小学一～二年生という発達段階と教科の指導内容に留意し、週に一時間程度であってもタブレット端末を活用する（触れてみる）時間があれば、児童の学びの充実に資《し》するものがあるといえるでしょう。小学校低学年の授業は、基本的には教科書を中心とした基礎的な内容の一斉授業が中心であるものの、一斉授業で学んだことを補完したり、個別に定着させたりするうえでもタブレット端末の活用は有効であると考えられます。また、タブレット端末を学校の勉強で活用することにより、タブレット端末を利用したコミュニケーションを通して、情報モラルを含めた他者との関わりの学びや、触れ合う経験値の向上と学習は可能であり、期待がもてます。

その一方で、無理に授業一時間すべての時間を通してタブレット端末を活用する必然性はないともいえます。学習テーマによっては、授業時間の半分をタブレット端末を活用した学習にあてたり、あるいは、一斉授業で時間に余裕があったときに自主的に反復ドリルアプリを利用させたり、グループ活動（協働学習）の際に児童が自主的に使いたいと思ったときにタブレット端末を活用させるような柔軟でごく自然なタブレット端末の活用や授業体制が求められるでしょう。

本書における授業実践では、タブレット端末を常時教室に設置し、児童が自由に取り出せるようになっていますが、活用ルールを徹底することで、学習で使用する以外には児童が勝手に持ち出してゲームアプリで遊んでしまうようなことは見られませんでした。授業開始後にタブレット端末を活用する場面になると、各自がタブレット端末を取り出す・しまうことも児童が主体的に、効率よく行うことができはじめています。また、タブレット端末の操作は徐々に児童のほうが詳しくなっており、教員が教えなくても児童が自ら工夫し、進めていく様子が見られたことも成果としてあげられます。学習指導の主体が教える側の教員ではなく、児童のほうが主体となり、教員は進行役あるいは児童と共に学ぶ学習者となるような場面もありました。

今後は、児童が自宅にタブレット端末を持ち帰るなどしてドリル型アプリの反復練習や授業の復習、写真や動画撮影などを宿題として行うといった、学校外での活動におけるタブレット端末の活用についても、児童や保護者と意見交換、協力しながら検討し、二一世紀にふさわしい学びのあり方を模索していきたいと考えています。

本書の出版機会をくださった祥伝社の磯本美穂さん、編集担当の大木瞳さんには心から感謝申し上げたいと思います。そして、本書の元となる論文を進めるにあたってご指導をいただいた慶應義塾大学環境情報学部教授の村井純博士、慶應義塾大学大学院政策・メディア研究科の鈴木寛教授、慶應義塾大学総合政策学部准教授の中室牧子博士、並びに慶應義塾大学大学院メディアデザイン研究科教授の大川恵子博士に感謝いたします。また、本書での議論に対して多くの助言を与えてくださった、聖心女子大学名誉教授の永野和男先生、東京女子体育短期大学児童教育学科准教授の小田和美先生、岐阜聖徳学園大学教育学部准教授の芳賀高洋先生に深く感謝いたします。最後に、慶應義塾幼稚舎での実践授業を行うにあたり多大なご支援とご協力をいただいた慶應義塾幼稚舎の大島誠一舎長、武田敏伸主事、加藤三明教諭（前舎長）、そして13学年I組の児童と保護者の皆様に感謝の意を表し、謝辞とします。

(32) アプリ：“はんぷく学習小学生手書き漢字ドリル 1006”，(online)，URL <http://android.app-liv.jp/000969033/>
(33) アプリ：“小学一年生漢字読み練習”，(online)，URL <https://play.google.com/store/apps/details?id=jp.jpjp.kanji1nen&hl=ja>
(34) アプリ：“くまどけい”，(online)，URL <https://play.google.com/store/apps/details?id=jp.skycreate.kumaclock&hl=ja>
(35) アプリ：“とけいのけいさん”，(online)，URL <https://play.google.com/store/apps/details?id=jp.skycreate.kumaclock&hl=ja>
(36) アプリ：“はんぷく計算ドリル・時計読み”，(online)，URL <https://play.google.com/store/apps/details?id=jp.skycreate.kumaclock&hl=ja>
(37) アプリ：“書き順ロボ 漢字二年生”，(online)，URL <https://play.google.com/store/apps/details?id=com.robotani.kanji2lite&hl=ja>
(38) フリック入力練習アプリ：“フリックマスター”，(online)，URL <http://www.meetroid.com/?p=179313>
(39) フリック入力練習アプリ：“マイタイピング”，(online)，URL <https://play.google.com/store/apps/details?id=me.twil.typing.mytypingforandroid&hl=ja>
(40) フリック入力練習アプリ：“タイピングゲーム”，(online)，URL <https://play.google.com/store/apps/details?id=co.jp.keiso.typgame&hl=ja>
(41) フリック入力練習アプリ：“TYPROID”，(online)，URL <https://play.google.com/store/apps/details?id=ady.products.type&hl=ja>
(42) 朝日新聞社：“朝日新聞 select for School”，(online)，URL <https://school.digital.asahi.com/ >
(43) 文部科学省：“教員の ICT 活用指導力の基準（チェックリスト）”，(online)，URL <http://www.mext.go.jp/a_menu/shotou/zyouhou/1296901.htm>
(44) Code.org：“President Obama asks America to learn computer science”，(online)，URL<https://www.youtube.com/watch?v=6XvmhE1J9PY >
(45) 経済産業省：“平成 27 年度 IT 人材の最新動向と将来推計に関する調査結果”，(online)，URL<http://www.meti.go.jp/policy/it_policy/jinzai/27FY_report.html>
(46) 文部科学省：“新学習指導要領「生きる力」（平成 29 年 3 月公示）”，URL<http://www.mext.go.jp/a_menu/shotou/new-cs/1383986.htm>
(47) Ray Kurzweil: “THE SINGULARITY IS NEAR: WHEN HUMANS TRANSCEND BIOLOGY”, Penguin Books, 2006.

URL <http://www.moe.go.kr>
(16) 総務省：“通信利用動向調査（世帯構成員編）”(online), URL <http://www.soumu.go.jp/johotsusintokei/statistics/statistics05b1.html>
(17) 総務省情報通信政策研究所：“子どものICT利活用能力に係る保護者の意識に関する調査報告書”(online), URL <http://www.soumu.go.jp/iicp/chousakenkyu/data/research/survey/telecom/2014/2014children-ict.pdf,2014>
(18) 国立教育政策研究所：“OECD国際教員指導環境調査（TALIS)”(online), URL <http://www.nier.go.jp/kenkyukikaku/talis/>
(19) 豊福晋平：“日本の学校教育情報化はなぜ停滞するのか”, 情報処理学会, Vol.56, No.4, pp316-321, 2015.
(20) 国立教育政策研究所：“OECD生徒の学習到達度調査(PISA)”(online), URL <http://www.nier.go.jp/kokusai/pisa/>
(21) 堀達司：“情報通信技術で学びは変わるのだろうか”, 日本教育情報学会年会論文集, Vol.27,pp.18–19 , 2011.
(22) 加藤直樹, 横山隆光, 村瀬康一郎ほか：“タブレットPCの教育利用に関する検討”, 教育情報研究, 日本教育情報学会教育情報研究, Vol.29,No.2,pp.39–44, 2014.
(23) 慶應義塾幼稚舎：“慶應義塾幼稚舎ホームページ”(online), URL <http://www.yochisha.keio.ac.jp/>
(24) ASUS社：“ASUS MeMO Pad HD 7”, (online), URL <http://www.asus.com/jp/Tablets_Mobile/ASUS_MeMO_Pad_HD_7_ME173X/>
(25) 文部科学省検定済教科書：“小学校1年生の算数”, 学校図書株式会社, pp.88, 2011
(26) 文部科学省検定済教科書：“小学校1年生の算数”, 学校図書株式会社, pp.94, 2011
(27) ライフスタイル社の無料アプリ：“黒板”, (online), URL <https://play.google.com/store/apps/details?id=jp.co.hiratsuka.kokuban2>
(28) デフォルトでインストールされている高機能なお絵描きアプリ。写真を取り込んで、その上にも絵を描くことができる。
(29) アプリ：“はんぷく計算ドリルたし算”, (online), URL <https://play.google.com/store/apps/details?id=jp.co.gakkonet.hanpukun_drill_math_g1_tashizan_free>
(30) アプリ：“けいさんがんばれ”, (online), URL <https://play.google.com/store/apps/details?id=jp.co.REIRI.keisanganbare>
(31) 音声録音アプリ：“PCM録音”, (online), URL <https://play.google.com/store/apps/details?id=com.kohei.android.pcmrecorder&hl=ja>

参考文献

(1) OECD：“THE DEFINITION AND SELECTION OF KEY COMPETENCIES”, (online),URL <https://www.oecd.org/pisa/35070367.pdf>

(2) ATC21S：“Assessment and Teaching of 21st Century Skills”, (online),URL <http://www.atc21s.org/>（参照日 2016-08-14）

(3) 文部科学省：“幼稚園、小学校、中学校、高等学校及び特別支援学校の学習指導要領等の改善について（答申）”,（online）, URL <http://www.mext.go.jp/a_menu/shotou/new-cs/information/1290361.htm>

(4) 文部科学省：“教育の情報化ビジョン”,（online）, URL <http://www.mext.go.jp/component/a_menu/education/micro_detail/__icsfiles/afieldfile/2017/06/26/1305484_01_1.pdf>

(5) 総務省：“フューチャースクール推進事業”, URL <http://www.soumu.go.jp/main_sosiki/joho_tsusin/kyouiku_joho-ka/future_school.html>

(6) 文部科学省：“学びのイノベーション事業実証研究報告書”,（online）, URL <http://www.mext.go.jp/b_menu/shingi/chousa/shougai/030/toushin/1346504.htm>

(7) 文部科学省：“平成 28 年度学校における教育の情報化の実態等に関する調査結果”,（online）, URL<http://www.mext.go.jp/a_menu/shotou/zyouhou/detail/1395145.htm>

(8) 笹木恭平：“教育における ICT 利活用の重要性”, 生活福祉研究, 明治安田生命福祉研究所, Vol.85, pp.50-63 , 2013.

(9) Patricia Wastiau：“The Use of ICT in Education：a survey of Schools in Europe” , European Journal of Education, Belgium, 2013.

(10) 国立教育政策研究所：“IEA 国際数学・理科教育動向調査（TIMSS）”,（online）, URL < http://www.nier.go.jp/timss/>

(11) 財団法人自治体国際化協会（シンガポール事務所）：“シンガポールの政策 教育政策編 2011”,（online）, URL <http://www.clair.or.jp/j/forum/pub/series/pdf/j37.pdf>

(12) シンガポール教育省：“Ministry of Education”,（online）, URL <https://www.moe.gov.sg/>

(13) 韓炳來, 姜洪在, 野崎浩成ほか：“韓国の情報リテラシー教育と情報倫理教育の現状”, 教育システム情報学会 第 39 回全国大会発表要旨, pp.273-274 , 2014.

(14) 金容媛：“韓国の教育学術情報化政策—韓国教育学術情報院の設立を中心に—”, 文部省科学研究費補助金国際共同研究（課題番号 10044018）平成 11 年度報告 , 2000.

(15) 韓国教育部：“第 5 次教育情報化基本計画（2014 ～ 2018）”,（online）,